「加速力」で成功をつかめ！

齋藤孝

草思社

「加速力」で成功をつかめ!　目次

はじめに　「加速の快感」が成功を引き寄せる

第1章　加速力が人生に「メリハリ」をあたえる

第2章　加速力をあやつる「コツ」がある

第3章　「人間関係」が加速力のテコになる

「加速力」で成功をつかめ！

はじめに　「加速の快感」が成功を引き寄せる

努力に運を引き寄せるのが「加速力」

どうすれば成功できるのか――これは、仕事をしている人に共通する願望だろう。私自身もずっと成功したいと思ってきた一人である。

何をもって「成功」と考えるかは人それぞれだ。手っとり早く成功したいと考える人もいれば、大きな成功を得るために小さな努力を積み重ねる人もいる。青年期をストイックに過ごし、四十歳代から爆発するといった人生プランを立てる人もいる。あるいは金銭的な豊かさを求める人もいれば、自分の心の満足こそ成功だと考える人もいるだろう。

いずれにせよ、自分の成功を実現させていくことが、自分自身を満足させることに違いはない。そして私の知るかぎり、成功の感覚には共通する原理がある。それが「加速度感覚」だ。

「努力なくして成功なし」とよくいわれる。その一方で「成功は時の運」という言い方もする。およそ成功の条件として挙げられるのは、この「努力」ないしは「運」だろう。二者択一の感すらある。

しかし、**努力と運の二つだけで成功を語っているのでは思考が止まってしまう**。たしかに努力は必要だろうが、条件としては漠然としている。あるいは努力をしても成功しなかった場合には「運がなかった」で片づけられるし、逆に運があっても努力がなければダメという言い方もする。

では、運を引き寄せる努力というものがあるとすれば、それは何か。**運と努力の間を結びつけるもの**は存在しないのか。そのポイントとなるのが、加速度感覚であると私は気がついたのである。

加速度感覚とは、文字どおり加速をしている感覚を指す。身体感覚として、誰でも思い出せるはずだ。クルマやバイクに乗ってアクセルを踏み込んだとき、身体が後部にグッと押しつけられるような、あの感覚である。

あるいは、遊園地のジェットコースターを思い出していただきたい。頂点からドーンと落ちる運動は、いうまでもなく等速運動ではなく等加速度運動だ。日常生活では味わうことの少ない急激な加速感覚を求めて、私たちはジェットコースターに乗る。

じつは、この誰でも知っている当たり前の感覚に、重要なポイントがある。**加速度感覚は人間にとって快感である**ということだ。たとえばジェットコースターにしても、まず頂点までゆっくり昇っていく間に、誰もが加速への予感を抱く。この予感は、緊張感と恍惚感をともないつつ、足元から〝何か〟をゾワゾワと湧き上がらせる。これが拷問ではなく遊興であることが、人間の〝加速度好き〟の証左である。

もちろん、ジェットコースターに好き嫌いがあるように、加速度感覚に対する快感度にも個人差があるだろう。しかし、何か惹きつけられるような魅力や、気持ちがゾワゾワとさせられるという点は、あらゆる人に共通する感覚のはずである。

じつは誰でも知っている、「加速の快感」

では、加速とは何か。それを知るためには、等速直線運動、つまり同じ速度でずっと走ることと比較してみるとわかりやすい。

たとえば高速道路を走るとき、若いころの私は、車線変更を繰り返しながら前のクルマを次々と抜いていくのが常だった。だが、年齢を重ねるごとに面倒になり、ついにあるときから左の車線をきっちり時速九〇キロで走ることに決めた。一度そう決めてしまうと、もう気持ちがブレることはない。ずっと同じ速度なので、身体もそれに慣れてくる。精神的にも楽に運転できる。

ただ、こうして時速九〇キロで走っている人は、なかなか他人の目に留まることがない。走っているのは間違いないが、数のうちに入らない。つまり、いつか花開くと信じて地道な努力を積み上げても、運が悪ければ、あるいは人の目に留まらなければ、その努力は埋もれてしまうおそれがあるということだ。

もちろん、地道な努力は重要である。これが成功の秘訣であることは間違いないし、実際にこれで成功した人もいないわけではない。しかし、一般的に**成功している人というのは、やはり他人とは違う努力をしている**ことが多いのではないだろうか。クルマの運転になぞらえていえば、**努力の速度にメリハリをつけている**わけだ。

ごく簡単な例をあげるなら、受験勉強を思い出してみればわかりやすい。勉強は毎日やることが大切だといわれているが、小学校一年から六年まで毎日同じように机に向かった人はあまりいないだろう。やはり中学受験のための勉強は小学校高学年ぐらいから集中的にやるし、高校受験のための勉強は中学三年のときに集中的にやったはずだ。

ここでも一種の加速の原理が働いている。どんどん加速して最高潮の速度で入試に向かい、入試が終われば速度を落とし、一～二年後にまた上げていく。なかには、加速のタイミングが合わず、受験に失敗してしまう人もいる。これが多くの人が経験したパターンだろう。やや大げさにいえば、**人生を区切り、ステージを変える際には加速力が必要である**ということを、誰でも経験的に学んでいるのである。

しかし、受験のように目標がはっきりしていればわかりやすいが、世の中にははっきりしない目標も少なくない。それに対し、自発的に加速することを技として身につけている人はあまり多くないだろう。

人は環境に慣れやすいため、その環境のスピードに身を任せてしまう傾向がある。たとえば子どもがある学校に入ったとすると、誰でもある程度はその学校のレベルに合わせて加速することができる。しかし逆にいえば、その学校のレベルが当たり前になり、それ以上の加速が難しくなるということでもある。そういう子どもでも、仮に偏差値的にいえば二ランク上の学校に移ったとすれば、それなりに対応して加速度を増すことは十分にあり得る。要は、ここぞというときに集中し、加速をつけ、次のステージへ進むことができるかどうか。それが成功の可否を分けているのである。

こういうメリハリは、以前よりもいまの時代のほうが重要度が増している。いまは情報の速度も浸透度も速いため、一度でも人の目につけば、一斉に視点が集中しやすくなる。その機に乗じて一気に駆け上がっておけば、あとは等速直線運動に移っても仕事ができるようになるのである。

プロ野球選手はなぜメジャーを目指すのか

日本のプロ野球選手がアメリカのメジャーリーグにチャレンジすることは、いまやまったく珍しくない。では、日本の選手たちはなぜ行きたがるのか。

それは、日本である程度まで成功してしまうと、もはや自分で自分を加速させることが難しくなるからだ。野球選手としてもっと伸びたい、チャレンジしたいという気持ちがあっても、いま以上にどうすればいいのか、課題を見つけることが困難になる。つまりは成長の加速度が止まるようなものだ。等速直線運動か、もしくは下降線を辿るような気さえしてしまう。これでは寂しい気分になるだけだ。

もっと自分はできるのではないか。もっと自分を加速させてくれる環境があるのではないか。自分の潜在能力をもっと引き出せるのではないか。そういう期待を胸に、メジャーリーグに身を投じるのである。

仮に本当に海を渡ったとすると、メジャーの速度に慣れるまで、自分をアジャスト（調整）する必要がある。その能力のない人は、たとえ野球の能力だけが高くても、成功することは難しいだろう。

さまざまな面で、アメリカにはアメリカの流儀がある。コミュニケーションも含め、日本との習慣や条件の違いは少なくない。それに合わせていく過程で、多くの問題に直面するはずだ。それを一つひとつ解決していくとき、自分の能力もまた加速していく快感を得ることができるのである。

つまり、快感はメジャーでの成否によってのみ得られるものではない。**いま、チャレンジしている自分が嬉しいし、楽しいし、愛しい**のである。したがって、たとえメジャーで成功しなかったとしても、チャレンジ自体はムダではなかったと思える。ベテランと呼ばれるようになってなお、加速する快感を再び味わうことができる。それを求めてメジャーを目指すのである。

人は直線運動だけでは満足できない

メジャーへの挑戦ほど大きな話である必要はない。**加速とは、何か新しいことにチャレンジし、それを身につけていくプロセスを指す**。一か月前に比べ、自分の技量がどうなったか。身体感覚として成長を実感できるか。その差異が快感を生むのである。

たとえば学校でブラスバンド部に入ったとする。最初は楽器の名前すら知らない状態だったのに、楽器を選び、練習を繰り返し、一か月、半年と経過すれば、さすがに若干は扱いに慣れてくるだろう。また一年も経てば、出せなかった音が出せるようになったり、音質がよくなったりする。さらに卒業するころには、譜面をざっと見ただけで吹けたり、後輩に指導するまでに成長していたりする。とくに楽器の場合は、新しい技術が身につくプロセスが見えやすいし、それだけ快感も大きいものだ。

同じことが、一般の仕事についてもいえる。楽器の習得ほどプロセスは明確ではないが、無意識のうちにこなしている仕事、いわば**自動化した仕事の量が増えれば増えるほど、その時期は加速していたといえる**だろう。

これに対して等速直線運動とは、一つのポジションにとどまり、いままでに自動化した仕事だけを繰り返すことを指す。新しい技術を身につけるわけではないので、楽なはずである。ずっと加速しつづけるだけでは身がもたないから、こういう時期も必要だ。

ただし、この習慣が長く身について当たり前だと考えるようになると、伸びがなくなり、沈滞してくる。ふつうなら、そういう環境に対し、しだいに自分自身が不満を感じるようになるはずである。

それにはいくつかの要因がある。たとえば、「自分はもっと上に行きたい」という欲求は誰にでもあるだろう。ある種の〝パワー〟を獲得することで、発言権が増したり、組織内での力が強くなったり、収入が多くなったりするのは世の常である。それを目指したくなるのは当然の心理だ。

あるいはもっと単純に、自分自身への期待感や向上心もあるだろう。「自分はこんなものではない」「いまに見ていろ」的な思考は、時として人をステップアップさせる原動力になり得る。

ただ本書で説いてみたいのは、こうした社会的な地位向上や成功のノウハウではない。そこに至るまでの過程として、**加速して仕事すること自体が快感である**ということだ。脳にはドーパミンという快楽物質がある。それが出ることで快感を覚えたら、もっと出して味わいたくなるのが人間だ。だから、ついついのめり込んでしまう。これが、加速している最中の素直な実感である。

もちろん、加速の結果として成功が引き寄せられるということもあるだろう。しかし、重要なポイントは過程にある。そこでいかに快感を覚えられるかが、人生においての成功になる。その部分で、自分は伸びていると感じられること、あるいはそういう時間を持つこと自体が、**人生におけるゴールデンタイム**といえるのではないだろうか。

眠れる加速力を呼び起こす

世の中には、仕事にしろ、勉強や習いごとにしろ、スポーツにしろ、「彼はなぜあんなに一生懸命なのか」「そんなにやらなくてもいいのに」と傍から見ていて思う人が少なからずいる。それはそうした行動が本人にとって苦行ではなく、スピードがググッと上がっていく感じ自体が楽しいからなのだ。

この感覚は、もともと誰でも持っている。ただ実感として忘れている人も少なくない。それを取り戻すには、まずわかりやすい部分から思い出してみればいい。

たとえば前述したとおり、乗り物に乗った際の加速感なら、誰でもイメージとしてわかるだろう。あるいは学生時代の部活などは、技術の習得という部分で仕事や勉強より目標が明確になりやすい。したがって、その上達のプロセスが自分でわかりやすいし、それがわかれば楽しくもなる。そして、**一つの目標を達成すると、その達成感が次の目標へのエネルギーとして噴出しやすくなる。**

学生時代に部活に熱中できたのは、こういう好循環が働いていたからではないだろうか。

若くしてこの回転が自分の中で定着した人は強い。その原体験が、その後の仕事などでも応用されるからだ。ただ、若いころにこういう快感の経験のない人、あるいは思い出せない人でも、落胆する必要はない。

本書は、まさにそういう人に向けて、加速力を身につけるにはどうすればいいかを述べている。ここで紹介したことを実践していけば、きっとゴールデンタイムを迎えることができるようになるだろう。

第1章 加速力が人生に「メリハリ」をあたえる

加速の快感を知らない若者世代

加速というと、「あくせくする」とか「せき立てられる」というイメージを抱くかもしれない。能力主義、成果主義、効率第一の掛け声の下で日々忙殺されているのに、これ以上の加速なんて無理だ、という悲鳴が聞こえてくるようだ。

たしかに最近の統計調査によると、いまの若い人の中には「成功なんかしなくてもいい」「べつに偉くなりたいとは思わない」という人が少なくないようだ。逆に「偉くなりたい」という人の率は、世界各国の中でもきわだって低いらしい。これにはさまざまな意見があるだろうが、それだけ日本が〝幸せ〟な国であることは間違いない。

その要因は、昨今の日本という国そのものが等速直線運動に入っていることにある。私は一九六〇年生まれだから、まさに昭和の真っ只中、右肩上がりの時代に成長した世代である。この当時、日本は明らかに加速度運動の国だった。

ところがその後、しだいに加速にかげりが見えはじめ、周知のとおり九〇年代からは大失速の時代に突入する。そういう時代に生まれ育った子どもたちは、社会全体としての右肩上がりの加速の快感を知らない。そもそも加速というものの感触がわからないわけだ。だから彼らは、べつにいまのままでいい、偉くなんかなりたくない、と自然に思っているのである。

歴史を振り返ってみれば、**そもそも日本は加速によって今日の地位を築いた国である**。江戸時代は停滞したが、明治維新で異常に加速した。その後も息つぐ暇なく加速し、敗戦で一気に落ち込んだものの、そこからもう一度、前代未聞の急加速を成し遂げた。それが昭和の時代だ。

最近は「昭和回顧」がある種のブームになっている。その根底には、「苦しくてたいへんな時代だったけれど、あの加速感はたまらなかったね」という共通の認識がある。昭和というものを一言で時代的に特徴づけるとすれば、それは「加速度の時代」ということになるだろう。敗戦で急速に落下、そして高度成長で急速に上昇。昭和は、加速度が乱高下した時代だったのである。

そのなかに身を置きさえすれば、怠惰な人でもそれなりの空気を味わえた。がんばらなかった人も相当数いるはずだが、がんばった人と一緒になって「あのころ、オレたちはがんばった」と懐かしがることができる。つまり個人の成功というより、銭湯で裸のつきあいをするのに近い、ある種の連帯感を持っているのである。

これは、アメリカ流の「セルフメイド・マン」のような、自分自身が自立して成功していくモデルとは対極をなしているといえるだろう。自分一人の成功を考えるのではなく、まず国全体を復興させなければどうにもならないという、使命感のようなマインドがベースにあった。全員で銭湯のお湯をかきまぜる状態、あるいは流れるプールに身を任せる状態に近いものがある。

自分一人で波はつくれない。流れるプールの中にあって、自分一人の成功には意味がない。全員で大きな流れをつくり、止まらなくなった状態。それが昭和という時代だったのである。

それに比べ、**今日は平坦そのもの。よくぞ「平成」と名づけたものである。**ネーミングには恐るべき力があり、人々の心に少なからず影響を及ぼす。「これからは加速の時代ではない。平らかに行こうよ」という気持ちが、いつの間にか時代の雰囲気になってしまった。それでも生活水準が極端に低くなったわけではないし、文化水準も高い。このままでいいじゃないか、というわけだ。そういう空気を吸って育ってきた若者にとっては、加速の快感など知る由もない。

「競争=悪」の風潮が若者の加速力を奪う

全員で波を起こしたから、自分も浮かんでいられる。交代で波を起こしたり、流されたりを繰り返しながら、全体の勢いを加速させる。それが昭和という時代だったとすれば、いまは静かな凪《なぎ》の状態と表現できるだろう。その中で速く泳ぐものもいれば、沈んでしまうものもいる。あるいは泳ぎを知らないものもいるという状況だ。

私はふだん、若い学生たちとつきあっているが、彼らは以前の学生に比べてずいぶん真面目になっている。授業にもよく出席する。休講となると昔は喜んだものだが、いまは

「授業数が少ないのはいかがなものか」と苦情が来るほどだ。いまや学生全体が単位を取ることに真面目に取り組んでいる印象だ。

ただ残念ながら、加速している、アクセルを踏んでいるという感じはあまりしない。満遍なく授業に出て、それなりにレポートも出すが、とりたてて優秀なものは少ない。たとえば、レポートを五枚以上と言えば、ほとんどの学生が五枚程度で終わりにしてくる。過剰に二十枚書いてくる学生はあまり見ない。

つまり、全体として真面目な学生が増えてはいるが、何かに賭けて、あとは捨てているというような学生、平均点でみると落第生だが、何か一点だけは並はずれた能力を発揮するような学生があまりいないのである。

かつての学生は、単位を取るだけの科目と、力を入れる科目とをしっかり分けていた。そして後者に関しては、先生に直接訴えたいというような気概を持っていた。自分が大学で学んだのはこれなんだという証をつくるように、メリハリをつけることが多かったのである。

しかし、いまの学生は、ここだというときにアクセルを踏む感覚が技として身についていない。そういう競争に慣らされてこなかったため、いざというときの集中力が弱いのである。こういう学生に対しては、いくら「がんばれ」とハッパをかけても、当人はピンとこない部分がある。

競争はよくない。受験もよくない。だから受験戦争もやめよう。自分のやりたいことをやればいい。いまは、そういう意見が少なからずある。だがこれでは、**否応なく与えられた障害を乗り越えるときに必要とされる加速を体験することができない**。

もちろん、自分がやりたいことをやるときに加速するという例も、ないわけではない。しかし、やりたいことにのめり込める状況にいる人が、どれだけいるだろうか。たとえば、勉強したいから勉強するという子どもの比率はきわめて少ない。放っておいても自分の好きな教科を選び、すすんで勉強する子どもは一割以下だ。放っておけば、誰も勉強などしなくなるのである。

ただし、少なくとも試験前だけは机に向かう。仕方なく、ふだんよりは加速して勉強する。それによって辛うじて学力を保っているのが現状だ。もし試験がなくなれば、加速の機会もなくなるため、学力はとめどなく落ちていく。それが、今日の学力低下の最大の要因である。**競争や試験というものを「悪」としてしまったために、加速の習慣が身につかなくなってしまった**。だから、集中して勉強することができない若者が増えてしまったのである。勉強に集中できない人は、仕事をしていても辛いはずだ。

平成な世の中だからこそ、加速人間はきわだつ

そういう「**ほどほど感覚**」の世の中では、加速度感覚を身につけた人は明らかに目立つだろう。周囲の人は、「いまどきの若者にしては珍しい」と評価するだろう。そうすると抜擢されやすくなる。サラリーマンであれば出世が早かったり、より責任の重い仕事を任されたりするかもしれない。

あるいは自営業者なら、組織人以上に加速度が必要だ。人より目立ち、声をかけてもらわなければ仕事がなくなる。「彼は仕事が速い」「勢いがある」という評判が立てば、仕事が仕事を呼ぶ状態になるだろう。

それに、およそ**元気な人やこれから伸びそうな人は、周囲の人から好かれる**傾向がある。たとえば私が小学生や大学生を教えていて感じるのは、教えている側が実年齢以上に若くなければ、彼らを引きつけることはできないということだ。いくら教師としての実力があっても、**若々しさのない人に、子どもや若者はついていこうとしない**のである。

人にこのような行動をさせるのは、直観ないしは野性の感覚のようなものが働くためかもしれない。元気な人についていくほうが生存の可能性が高い、と本能的にわかっているわけだ。

「能力は高いらしいが元気がない」といわれる人についていくと、どうも運が悪くなるような気がしてしまう。逆に「若さがあって伸びている」といわれる人についていくと、悪い目に遭わずに済むような気がする。若々しい人が伸びているのを見ると、運まで味方しているように感じる。だから、自分の生命の保全を考えれば、後者を選びたくなるわけだ。

第一、そういう人といると楽しい。子どもには、「遊びたい」という根源的な欲求がある。若々しくてエネルギーが満ちていると、余計なことやムダなこともするものだ。だから、自分たちと遊んでくれるかもしれないと期待が持てるのである。

一方、元気のない人は、余計なことやムダな動きをいっさいしない。子どもから見ると、自分と関わったり遊んだりしてくれないように思えてしまう。つまりおもしろくない。だから、自分から寄っていこうとは思わないのである。

同じことが、大人の社会でもいえる。サラリーマンであれフリーランスの人間であれ、**加速している人間には、他の人が自然に寄ってくる**。そこから、さらに加速の循環が生まれてくるのである。

実力不足でも加速力があれば注目される

元気な人には人が集まり、元気がなくなった人や運気の落ちた人から人は離れていく。これは人間の心が冷たいのではなく、一つの性向である。このことを、まず私たちは認識する必要がある。

だとすれば、これの逆を考えてみればよいということでもある。元気に回転しているような感覚を人に与えることができれば、人はついてくるし、引き上げてくれる。たとえ実力が一〇〇点満点中三〇点ぐらいだったとしても、「こいつはまだまだ伸びるな」という感触を相手に与えることが重要なのだ。

それによって任される仕事が増えれば、実力はあっという間に五〇～六〇点になってくる。だいたい、**どんな仕事でも大切なのは慣れ**である。**任されれば伸びるし、任されなければいつまでもできない**。だから、人に引き上げてもらうことがポイントになる。

とくに日本の場合には、仕事はポジションしだいということが少なからずある。ポジションが上がらなければ責任ある仕事ができず、したがって仕事を覚えることもできない。逆にいえば、仕事を覚えるにはどんどん人に引き上げてもらわなければならないということだ。そのために、「自分は加速しているんだ」ということを他の人にわかってもらう必要がある。

これが、すべての出発点だ。この部分で〝はずみ〟がつけば、実力はまだ足りなくても、周囲から見れば「あいつは運がいいな」ということになる。

引き上げられた人を「たまたま運がよかっただけ」とうらやましく思ったり、ひがんだりすることは世の中によくある。その気持ちもわからなくはないが、それだけでは浅はかだ。引き上げられたのは運ではなく、その人の加速度のなせる業なのである。

芸能人の浮き沈みに興味をそそられる理由

加速力を身につけるには、現時点での数値ではなく、**変化率**に着目することがポイントになる。いまが「5」だとか「8」だとかではなく、たとえば過去一年とか一か月の間で「3」増えたとか「4」減ったという、その変化の量を捉えるということだ。

この感覚は、他人に対しては比較的容易に感じ取っているはずだ。「この人はヤル気があるな」とか「伸びているな」という感覚は、ある程度接していればわかる。

その典型が、テレビに登場する芸能人だ。芸能界とはおもしろいところで、**加速力の勢いを見せることで成り立っている**。視聴者は、その芸能人が上がり目なのか落ち目なのかを見定めているのである。

たとえばテレビを見ていて、「この芸人は伸びてるよね」「人気あるよね」とか、あるいは「もう落ち目だね」「そのうち消えるね」と言い合って楽しむことがよくある。それだけ芸能人というものは、見た目にも浮き沈みがはっきりしているということだ。

彼らは、プロ野球選手のように絶対的な実力や成績が残るわけではない。ひとえに〝人気〟で成り立っている。まさに人の気持ちしだいだから、実力というものはあってないようなものなのだ。

このことは、歌手の世界でさえいえる。歌が上手なら生き残れるかといえば、けっしてそのようなことはない。歌がうまいだけの人間なら、日本中に山ほどいる。上手下手は決定的要因とはならない。ただ人気が集まるかどうかだけが絶対条件なのである。昭和のころの芸能人なら、まだそれぞれにポジションを持っていたが、いまはそれもない。だから入れ替わりがきわめて激しい。

ではなぜ、視聴者はそれを見ていて楽しめるのか。それは暗黙のうちに、この人は加速しているのか減速しているのか、**その運気のようなものを見て、自分の加速感を満足させようとしている**からだ。ふだん意識はしていなくても、こういう感覚は誰にでもあるはずである。

私たちは伸びている新人の芸能人に注目する一方で、雑誌の「あの人はいま」のような特集をおもしろがって読んだりする。「昔は人気があったのにね」と、悪い心根と知りながらその〝落差〟を楽しんだりしている。これは、私たちがいつも加速の感覚というものを気にしている、ないしは磨こうとしている証拠である。

加速力が人生に「メリハリ」をあたえる

ところが自分自身に関しては、いまの状態に慣れてしまっているため、加速力の変化率に関心を持つことがあまりない。

だからこそ、**意識的に変化率に着目する感覚を持つこと**、つまり**速度感覚のセンサーを**

自分の中に持つことが重要だ。それによって、たとえば「いまは一見いいように思えても、じつは落ち目である」ということがわかってきたりする。あるいは「いままで加速してきたが、ここでとりあえず力を抑えたとしても、等速の運動は維持できる」という感覚がわかったりするのである。

そうすると、たとえばこの三年間ずっと加速してきた人なら、今後一年は等速運動にしようという判断もできるようになる。こういうときは、力を落として等速運動にしても、外に出る数値は変わらないため、ある程度は仕事をしているように見えるものだ。

これはいわば、ポジションや慣れ、経験で仕事をしている状態である。あえて新しいことにチャレンジせず、じっくり力をためつつ準備をして、しばらく経ってからまた加速する。その加速は周囲から見れば目立つから、また引き上げられ、新しいことができるようになる。そこで**しばらく加速したら、また等速運動にする。この繰り返しが、大きな成功をつかむための理想型**である。

誰でも一生の間、ずっと加速しつづけることは大変だ。ここぞというときに加速すればいいのである。その緩急は数年単位であってもいいし、あるいは一年間の中で繰り返してもいい。ずっと等速でありながら、何かのきっかけでグンと加速するという手もある。要は**メリハリをつけること**が大事なのである。

その時期は人それぞれだが、多くの人は春先に加速する。たとえばテレビ・ラジオの語学講座のテキストは、やはり四月号や五月号が圧倒的に多く売れる。桜の花が咲くころになると、誰もが加速したくなるのである。ただし、その時期が終わると、しぼんでいくのも早い。

かくいう私の場合は、中学、高校、大学と受験を経験したため、秋口から冬にかけて加速することが身についている。だからいまでも、加速を一年の後半に持っていくよう意識している。前半は必要な労働ないしは規則的なことをきちんとこなし、後半を新しいことのチャレンジにあてるのである。チャレンジにはエネルギーや集中力が必要だから、自分の得意な季節に合わせているわけだ。

あるいは、**自分の生まれ月に加速を持ってくる**という手もある。科学的根拠は定かではないが、人によっては生まれ月に盛り上がるということもあるかもしれない。とくに日本には四季があるので、その変化のリズムに自分の身体やヤル気のリズムを乗せれば、加速の度合いもまったく変わってくるだろう。これが、個々人にとって一年のメリハリになるのである。そういえば私も、自分の生まれ月である秋になると加速する。

要は、周辺の環境のような外的要因と自分の気分をうまくすり合わせること。じつはそこにこそ、加速が生まれやすい状況がある。**一年をまったく同じように過ごすのではなく、どこで加速し、どこで減速し、どこで等速運動に移るかという感触を自分で持つ**ということだ。その期間は一年単位ではなくても、一か月単位、一週間単位、あるいは一日単位でも同じことである。

人生には「加速しなければならない時期」がある

加速しているときの快感が自分自身を高揚させるし、他人を引きつける魅力にもなる。しかし、人生をずっと加速したまま駆け抜けるわけにはいかない。等速運動をする時期も当然ある。あるいは病気になったり、いろいろなトラブルに巻き込まれたりしたら、減速することも必要だ。その切り替えが上手くできれば、クルマでいうと燃費のいい走りということになる。

加速中というのは、燃費はあまりよくない。人間でいえばエネルギーを急激に消費する。しかし等速運動でずっと走ると、環境には非常に優しいが、走り自体がおもしろくない。

ステップアップがなかなかできないので、ずっと同じ地位に甘んじることになりかねないのだ。そうすると、おもしろい仕事ができなかったり、報酬が少ないままで終わってしまうことになる。

とりわけ日本という国は、どちらかといえば実力よりポジションを重視する社会である。ありていにいえば、ポジションがない人の言うことはあまり聞かないのである。ビジネスではかならず名刺を交換し、その人の肩書に応じた対応や尊重の仕方をする。つまりポジションをゲットすることが、すなわち次のステージに進むというイメージなのである。

だから同じステージにずっととどまると、仕事の展開もないし、自分自身の気持ちも刷新されない。**加速すべきときには加速して、次のステージに上がったら等速運動に移り、また次の加速の機会をうかがう**。そういうアクセルの踏みどき、ブレーキのかけどきを意識することが大事なのである。

それは、自分の中で、いまはどんな時期なのかを上手に判断するということだ。世間には認められていなくても、いまこそ加速すべきという判断もあり得る。むしろ自分自身に注目が集まっていない時期に、自分の技量を高めるために、徹底的に加速しておくことが有効だ。

それを傍から見ている人には、「なぜそんな低いポジションなのにがんばっているのか」という違和感を与えるだろう。バイトなのにとか、派遣なのにということもあるかもしれない。だがそれは、一つは自分のためである。自分の技量を高めるために、**加速しておかなければならない時期というものがある。**年齢が高くなるにしたがって、加速は面倒くさくなるものだ。だから若いうちに、たとえポジションが低くても加速しておく必要がある。それによって、ノウハウを身につけていくわけだ。

もう一つは、**ポジションに似合わないという感じを他の人に与える**こと自体が、その人の魅力になるということだ。周囲の人が、そこに置いておくのは惜しい、そこで働かせるのは惜しいという気持ちになれば、抜擢ということも起こり得る。

だから、実際の仕事の状況とは別に、自分自身でいまはどういう時期なのかという設定を考えてみればよい。三か月計画とか、三年とか区切ってみればわかりやすいだろう。その間に何をするべきなのか、技量を徹底的に身につけるとか、人脈を広げるとか、それぞれ具体的に目標を決めてみる。その成果は、おのずとついてくるはずである。

加速力のある人に付いて、加速を「習慣化」する

実際、成功している人というのは、**常に加速を意識し、メリハリをつけ、さらにはそれを習慣化している**ことが多い。

たとえば本田宗一郎さんにしても松下幸之助さんにしても、常に右肩上がりだった。どれだけ高齢になっても、衰えというものを見せなかった。少なくとも、何歳からダメになったという話は聞いたことがない。

あるいはトヨタも、会社ぐるみで加速している。昨日より今日、今日より明日といった具合に、常に向上することを目指している。そういう右肩上がりを習慣化・技化《わざか》しているわけだ。

これは特殊な人や企業だけに当てはまる話ではない。誰にとっても、加速の感覚を養い、右肩上がりの快感を習慣化・技化することは、生きていくうえできわめて重要になるはずだ。

どんな仕事であれ、常に同じペースで同じことをしているわけではなく、かならずメリ

ハリがある。納期が迫ってきて一気に仕上げるとか、目標の数字まであと一息というときには、やはり集中力が求められる。加速をつけ、徹夜してでもやり遂げなければならない場面もあるだろう。

　たとえばエジソンの研究所では、問題解決のアイディアが浮かぶまでは寝ない、というのが合い言葉だったらしい。おかげで、ほとんどの時間を労働に費やし、寝るのも研究所内だった。エジソンは従業員に対しても「ここで働くとはこういうこと」「アイディアを出すまでは寝るな」と平気で言っていた。

　今日の感覚から考えれば、これは明らかな人権蹂躙《じゅうりん》である。だが見方を変えれば、それほど常に加速している会社だったということだ。そのルールに慣れない人は去っていっただろうし、慣れた人は加速とは何かを体得していったはずである。

　つまり、最初に就職した会社や入学した学校が加速というものをベースにしていれば、そこで加速力を身につけることができる。そこを退社ないし卒業して外に出ても、その加速感覚が習慣として残り、常に昨日よりは今日、今日よりは明日と加速していけるはずである。

　こうしたやり方を空気として感じられるかどうかは、きわめて重要だ。その点、今日の二十〜三十代は、時代全体の後押しが少なかったという意味ではかわいそうだった。そういう加速しない時代に育ってきただけに、加速の感覚を磨くことが貴重になる。**加速力があるなと思える人に付きしたがい、その間に加速する感覚を技として身につける**。そこで二〜三年でも修業すれば、他の人を大きく引き離すことができるはずだ。自分で加速を習慣化したときには、多くの人がじつは等速直線運動または長期低落傾向にあるということが見えてくるだろう。

若いときの加速は将来の貯金だ

そもそも自分自身がいま、加速しているのか、等速運動にあるのか、それとも減速しているのかということを、まず知らなければならない。そのうえで、加速・減速の切り替えを自分でしているのだと意識できることが重要だ。

ただ実際には、周囲の状況によって加速・減速が決まってしまうことが多い。たとえば自分に仕事が集中してくれば加速せざるを得ないし、仕事がなくなれば減速するしかない、といった具合だ。これは、非常に受動的な状態といえるだろう。

しかし成功している人は、周囲の状況に関係なく、自分の中でアクセルとブレーキをコントロールしている場合が多い。**仕事の少ない時期にこそ、もっとも加速して将来のための仕事（準備）をしていたりするの**である。対外的には大して動いていないように見えても、じつは裏でがんばっているわけだ。

たとえば川端康成には、『掌《たなごころ》の小説』という作品群がある。これは彼が習作として書いたもので、ネタ帳風の短い作品の膨大な集成だ。その中には、習作のわりにものすごく優れた作品も含まれている。

しかし川端自身は、この作品群に対してあまり肯定的ではなく、公表したくないという意思を持っていた。後に、彼は数々の名作と呼ばれる作品を世に送り出すことになるが、じつはこの**習作の時期こそ、当人はもっとも加速していた**のかもしれない。

およそ作家というものは、芥川賞や直木賞などを受賞してから忙しくなるのが一般的だ。だがそれは外的状況が忙しいのであって、自分の中で加速しているかとなると話は別だ。新人賞は別として、直木賞のような賞を取るということは、ある程度ベテランの域に達していることが多い。すでにスタイルもできあがり、あとは反復しているだけかもしれない。これは加速ではなく、等速運動だ。

もちろん、それ自体は悪いことではない。司馬遼太郎のように世の中に愛されている作家も、自らのスタイルを模倣しながらかたちづくっていった。自分のスタイルが完成した場合には、等速運動でもかまわないだろう。あるいは減速したとしても、ある程度〝顔でもつ〟ということがある。

プロ野球のピッチャーでも、顔で抑える、あるいは格で抑えるという言い方をすることがある。引退前の星野仙一さんのように、昔ほど球が速くなくても、なんとか抑えてしまうパターンだ。

そのポイントを、本人は「気迫だ」と説明していた。だが分析してみると、彼のいう気迫とは、顔と勢いで相手バッターをビビらせるとともに、じつは低めに集めるコントロールのことだった。あの形相で低めに丁寧に投げるというギャップが、バッターの感覚を狂わせていたのである。

ふつう、あれだけの顔と勢いなら、剛速球が来そうなものである。だが彼の場合は、実際には減速しているにもかかわらず、それをカバーする技術を持っていたわけだ。それが彼の「気迫」の正体である。

老いてなお、「生きている快感」を味わおう

加速感を得られるのは、若い時代の仕事や勉強においてばかりではない。たとえばリタイアした人でも、書道や俳句をやってみようと思い立ち、教室に入って先生に習うということはよくある。

しかし考えてみれば、仮に習字が上手くなったところで、人生が終盤にさしかかっていれば、とくに実質的なメリットを生むわけではない。技術を大きく換金できるわけでもない。

だがここには、そういう成功とは異質な二つのメリットがある。一つは、高齢になると加速がおっくうになるが、教室に入ればいやが上にもはずみがつくということ、そしてもう一つは、**自分の伸びを実感できる**ということだ。自分一人でやっていたのでは、向上している感触がつかめない。まして書道や俳句では、自分が上手いのか下手なのかもわかりにくい。

その点、先生がいて仲間がいれば、「上手くなったね」「以前より明らかによくなった」

と褒めてもらえる。そういう環境なら、たとえゼロからでも師範の免状を取るまで行ける可能性がある。だとすれば、その過程では相当の加速感を味わえるはずだ。高齢からの習いごとは、その意味で価値が高い。

こうして考えてみると、**加速の快感とは、生きている快感と同義**である。伸びているということ自体が、人生の最大の喜びなのである。自分の一か月前と今とを比べ、さすがに上手くなっているなと実感できること。あるいは周囲にそう認めてもらうことは、少なくとも一か月にわたって何もしないよりは、はるかに張り合いがあるはずだ。

つまり加速とは、成功という概念を超え、生きているんだという実感を得るという意味で、それ自体が人生の最大の喜びになり得るのである。リタイア後に習いごとを始める理由も、じつは加速力の快感を求めているのだと考えれば理解しやすいだろう。

「順風時の加速」で大きく前進する

私たちは、子どものころから常に努力するべきだと教えられてきたし、またそう思っているところもある。しかし私の考えでは、**そのときどきの風というものをきちんと感じる**

ことも重要だ。その風に合わせてエネルギーを出すことで、エネルギー効率がぐんと高くなるのである。

およそ逆風のときというのは、自分の実力を思うように発揮できないものだ。状況が悪すぎるときには、あまり無理をしても、エネルギーが空まわりしてしまう。浪費に終わりかねないわけだ。

ただ勘違いしないでほしいのは、**「逆風」と「逆境」とは微妙に違う**ということだ。逆境やトラブルを抱えたときというのは、そこから抜け出すために力を発揮する必要がある。その意味では、むしろ加速のチャンスといえる。しかし逆風とは、自分にポジションを与えられない状態を指す。思うような仕事やポジションを得られず、そもそも力を発揮させてもらえない状況のことだ。

私自身も、三十歳過ぎまでポジションを持っていなかった。だから研究成果も発表できず、本も出せず、勤めることもできない状態だった。こういうときには、静かに自分の実力を蓄えるしかないと自らを納得させていた。そして、**ひとたび順風が吹いたときに、外への表現に向けて力を入れた**のである。

そこで重要なのが、この風を感じる感覚だ。その有無によって、精神状態はずいぶん変わってくるだろう。

たとえば一人がブランコに乗り、もう一人が背中を押して振幅を大きくすることがある。ではこのとき、押す人間はどこで力を入れれば、もっともエネルギー効率がいいだろうか。じつは私は、それを実際に実験してみたことがある。

まず、ブランコが向こうからこちら側に揺り戻って来るとき、完全に上がりきる前に押そうとすると、エネルギーはぶつかり合って相殺されるから効率が悪い。いくら力を使ってもムダが大きい。小さい子どもの場合、これをやってブランコを止めてしまうことがある。いわば、これが逆風の状態だ。

では頂点に至った瞬間に押せばいいのか。じつはこれも、効果はさほどない。もっとも効率的なのは、**頂点に達してなお待ち、頂点からやや下がって重力の加速が多少ついたあたりでトンと突く**ことだ。そこからの加速はきわめて力強いものとなる。

これを繰り返していると、振幅はとてつもなく大きくなっていく。タイミングのいいところでちょっと力を入れるということを十~二十回やるだけで、危険なほどに揺れるのである。

かといって、もっと待ってから押そうとすると、今度はブランコのスピードに手が追いつけなくなる。このタイミングが重要だ。

たかがブランコだが、これは私にとってきわめて有効な経験だった。使っている力はほんのわずかでも、ものすごく大きなエネルギーに転換することができる。ただ、その使うべきポイントを間違えれば意味を失う。最初から無理に力を入れて押す必要はない。タイミングを待って、徐々に振り幅を大きくしていけばいいのである。

このブランコの揺れの向きを「風」とすれば、風を感じながら、ここぞというポイントのときだけポンと押せばいいということになる。それが**順風時の加速**という意味だ。

自分に吹く風が見える「順風と逆風」の法則

ただ、こうしてブランコを押すときには、若干のコツがある。押すときだけ手を突き、次の瞬間に手を放せばいいというものではないということだ。そうすると、その瞬間に乗っている人がグラグラしてしまうのである。

もっとも効率的なポイントでポンと力を入れるためには、ある一定の時間だけ、相手の背中に触れていなければならない。具体的には、まず頂点付近まで上がってきてスピードが落ちているときに、すでに手を背中に着けておく。これなら触りやすいため、自分の手と相手の背中を一体化させることができるのである。

そのまま頂点に達し、やや下がってきた段階でグッと突く。手と背中が一体化しているため、ロスを出すことなく力を伝えることができるのだ。ブランコに揺られている状態を社会における自分だとすると、**自分の状態を感じ、把握して、じっと我慢すること**が重要なのである。もし自分に吹く風がわからなければ、ブランコがどの地点にあるのかもわからないということだ。つまり滅多やたらに押しているわけで、これでは加速は望めない。

もちろん、ブランコの話はたとえである。この原理はあまりにも単純なので、誰もがすでに理解していることだろう。だが、同じことを人生に当てはめると、ことは単純には行かなくなる。

ブランコほど単純ではないにせよ、人生も大きな目で見れば順風のときと逆風のときがある。いまの自分がどの位置にあり、思い切りアクセルを踏むべきときなのか、それとも力を入れても仕方のないときなのかがわかるだけでも、間違いなく精神が安らかになるはずである。

後者の場合でも、努力しなくてもいいということを意味するわけではない。ただ、**性急**

に結果を求めるようなことをせず、他のかたちで力をためておけばいいのである。たとえば学者なら、研究する期間と表現する時期は離れていてもかまわない。ある時期に研究していたことも、発表するとなると時期がずれることはよくある。あるいは企業でも、研究開発と、それを製造販売して収益を上げていく段階というのは、かならずしも直結していない。時代のニーズ等から鑑みて、まだ寝かせておこうとか、別の部署の製品から発売していこうという判断は十分にあり得る。そしてタイミングを計った結果、たとえば十年後のヒット商品につながるといったことが起こり得るのである。

ただ、会社組織ならこういう総合的な判断もできるが、個人の場合には自分の中で、いまは力をためる時期なのか、それとも出す時期なのかを判断しなければならない。出すべきときに出さないと、運はつかめない。たとえば世に出るとか、他の人に認められようとするときに、相変わらず内側の世界にこもって仕事をするスタンスを守っていると、いまの時代ではあっという間に置き去りにされてしまうのである。

そのタイミングをつかむのは、なかなか難しいかもしれない。しかし、少なくとも**いまが順風か逆風かを常に意識しているだけでも、かなり心を安定させて仕事に打ち込める**のではないだろうか。

「ニセの加速」に惑わされたバブル成金たち

加速度の感覚はあまりにも魅力的なため、時としてニセの加速に惑わされて道を誤ってしまうことがある。その最たる例がバブル経済の経験である。

当時、世の中のすべては〝行け行けドンドン〟な雰囲気に支配されていた。「オレたちは加速しているんだ」という感覚が、ジュリアナ東京のお立ち台で踊る女の子たちにも浸透していた。だから誰もがタクシーチケットを使い、女の子を千葉まで送ってから横浜に帰るようなまねが平気でできたのだ。

じつはこのころ、私はまったくの蚊帳の外で、加速する時代の雰囲気を楽しむことはできなかった。だから余計冷静に分析することができるのだが、当時の人々は**加速ではなく、〝加速の幻影〟を追いかけていた**。実質的な何かを生み出したわけではなく、たんに土地神話によって地価が高騰し、お金が余ってムダ遣いをしていたにすぎなかったのである。

ところが、その幻想を誰もが共有し、加速の快感を得ようとした。これは、いわば薬物投与のようなものである。人間はスポーツや楽器演奏の最中、努力して培った技を発揮することで、「いま、気持ちいい」と感じることがある。そこに至るまでのトレーニングが苦しければ苦しいほど、快感の度合いは大きくなる。薬物の投与によるものではないが、似たような快感物質が脳の中でつくられるのである。

バブルのころは、この快感物質が外部から投与されて舞い上がったようなものである。個々人の努力によって何かが生み出されたわけではない。国も銀行も「地価はどんどん上がっていくことにしよう」と仮定し、国民の多くがそれに加担した。だが結局、中身がないためにはじけたのである。

それればかりではなく、〝薬〟が効きすぎたために、**加速そのものに対して脅えるような風潮**がいまだにある。しかし、薬物投与を警戒して本来の加速まで否定してしまうのは、「あつものに懲りてなますを吹く」ようなものである。

バブル時のみならず、現代でも、ある種の加速の幻想を悪用した例がある。会社の加速感を演出し、経営がうまく行っているように見せかけてお金を集めるという詐欺的商法もその一つだ。その典型がいわゆるホリエモン事件であって、中身をともなわない加速の〝なれの果て〟がそこにある。

これを、一介の事件として看過することはできない。**見せかけの加速感**で成功しようとする会社と、たとえば技術革新を徹底的に行って加速しようとする会社は、しっかり区別する必要がある。

そうしなければ、社会に出て伸びている人、加速して元気な人のすべてを胡散《うさん》臭く感じるような風潮が生まれてしまう。何か悪いことでもしているんだろうと、ひがんだり疑ったりする傾向があまりに強まると、社会の活力が失われていく。すべての加速に対して否定的な感情を持つようになると、それはマイナスの制御になってしまうのである。

「軽さのイメージ」で加速力を増大させる

かつて、私がナビゲーターをしたＮＨＫの番組で、ロサンゼルス五輪の体操個人総合の金メダリスト・具志堅幸司さんのおもしろい成功体験を分析したことがある。具志堅さんは、イメージトレーニングとして、フウッと息を吐いたり小便をしたりするとき、「不安や緊張やいろんなものが出ていく、出ていく」と自分で言いつづけたという。

これを聞いてふと浮かんだのが、ニュートンの運動法則「F=ma」だ。力（Ｆ）は質量（ｍ）×加速度（ａ）という意味だが、別の見方もできる。すなわち、Ｆが一定だとすれば、質量が軽いほうが加速がつくということだ。つまり**身を軽くするということは、非常に重要な意味を持つ**のである。

一般的に、力（パワー）を増すことは重要といわれる。しかし、それより身を軽くすること、あるいは力の邪魔をする抵抗を減らしていくことも、加速度を増すという観点では大事なことである。

では具体的に、身軽になること、抵抗を減らすこととは何か。その一つが、**否定的イメージを払拭《ふっしょく》する**ということだ。

自分の中に否定的なイメージがあると、それが心のブレーキになる。力を出そうというポジティブなパワーがどれほど強くても、ブレーキにかき消されることになる。両方の力が強ければ、必然的に強烈な摩擦熱が発生するだけだ。

そこで、その**否定的なイメージを吐き出すコツとして挙げられるのが呼吸**である。呼吸はいつも無意識にしているが、ときどき意識して、フウッと吐き出してみる。具志堅さんは、それとともに不安や不満、ネガティブな感情など否定的なイメージが「出ていく、出ていく」とつぶやいていたわけだ。あるいはトイレで小便をするときには、もっと大きな声で実践していたらしい。

ただ、周囲にいた人からは変な目で見られたらしい。しかし本人にとってみれば、そんなことを気にしている場合ではない。もともと緊張しやすいたちだったため、以前は大事なところで失敗することも多かったらしい。それをなくすための心理的な訓練として始めたそうである。

また怪我をしたときには、病院のベッドの上で、常に新しい技をイメージトレーニングしていたという。おかげで、退院直後にはその新しい技をマスターしていたらしい。これはポジティブなイメージの増幅によるものだ。

つまり、イメージトレーニングによって**ポジティブなイメージを増幅する**一方、呼吸や排尿時に声に出すことで否定的イメージを取り去っていたわけだ。こういうトレーニングがあったからこそ、本番で緊張することもなく、実力を発揮できたのだろう。

よく、心の中がニュートラルになることを、「空《くう》」とか「無」と表現する。それは言い方をかえれば、身も心も軽い状態、とらわれがない状態ということだ。要するにネガティブなイメージがなく、変な執着もない。だからテンポがよく、抵抗も少ない。そのときこそ、スカッと加速しやすくなるのである。

ただ、そうはいうものの、さまざまな事情を抱えて悩める人は少なくない。こういう人は、どうしても身が重くなる。複数の悩みを抱えて重すぎる状態の人もいる。だからこそ、その重さを少しでも取り去るために、**軽さのイメージを持つ**ということが非常に重要な意味を持ってくるのである。

ポイントは、「だいたいもうできるから、始めてみよう」という発想から入っていくことだ。「できるかどうかわからないけど」とか「いろいろな事情があって」とか「失敗したらどうしよう」などと考えるのではなく、「細かい問題は後から出てくるかもしれないが、とりあえずできる範囲でやってしまおう」というシンプルで身の軽いイメージを持つことが重要なのである。先の等式に立ち返れば、これによって身（質量）は軽くなり、必然的に加速度（a）はついてくるはずだ。

「八割方よければＯＫ」で行こう

私は、「**八割方よければＯＫ**」という方程式を持っている。簡単にいえば、一〇〇％を目指さないということだ。

もちろん、完璧を目指さなければならない場合もある。すべてが八割方でいいというわけではない。しかし多くの場合は七～八割方、あるいはそれでも多ければ、六割方でもいいと思っている。

ただし、残りの三～四割は手抜きをするという意味ではない。次の仕事への活力にするのである。

一つの仕事である程度の課題が残ると、次の仕事でそれをカバーしようと思うようになる。物足りなさが、次はなんとかしようという動力源になる。そこで、プラスの連鎖が働くわけだ。逆に完璧な仕事をしてしまうと、達成感や虚脱感だけが残り、身動きがとれなくなることがある。本来、次に見えるべき風景が見えなくなるのだ。

どんな仕事でもいえることだが、だいたい七～八割までは相当なスピードでこなすことができるものだ。ただ、そこから九割～十割という完璧を目指すと、多大な時間がかかることになる。たしかにオリンピックのフィギュアスケート競技に出場するというレベルなら、まずノーミスが大前提だから、一〇〇％を求めなければならない。しかし、私たちが日々闘っているのは、そこまで厳しい世界ではない。むしろスピードのほうが重視される世界ではないだろうか。

私の感覚でいえば、**八割まで到達する時間と、八割を十割にする時間はほぼ同じぐらい**

である。残りは二割なのに、二倍の時間がかかってしまうわけだ。そんな時間があるなら、もう一つ別の仕事を八割方仕上げたほうがいい。

もちろん、時間的には十割を目指すことも不可能ではない。私も以前、論文を書くときは十割主義だった。しかしこれでは、一本を書くのに膨大な時間がかかってしまう。そこであるときから、こういう大作一〇〇%主義を捨て、七～八割が伝わればそれでよしと方針を切り換えた。そのとたん、仕事が急速に進むようになり、かつ進めば進むほどクリエイティブになっていった。

たとえていうなら、かつて半年かけて一本の論文を書いていたとすれば、それを一か月に一本程度にした。これなら、半年で六本書くことになる。同じ期間に一本しか書かないのと六本書くのとでは、時間の密度が違う。あるいは自分自身に対する感覚も違う。つまり六本書いたほうが加速しているわけだ。いまでは、完璧主義的に仕事をしようとすることは、マイナス面のほうが大きいと思っている。

「十割主義」より、大ミスをしないことが大事

ただし、こういう話をすると、よく誤解する人がいる。私のいう七〜八割方とは、**大きなミスはないということが大前提**である。何か重大なミスをしておきながら、次で挽回すればいいという意味ではない。

サッカーの例でいえば、以前、アテネ・オリンピックの試合で大きなミスをした選手がいる。うっかりディフェンスし損ない、相手に点を献上してしまったのだ。だが試合後、彼が残したコメントは「次はがんばります」だった。それはないだろうと思ったのは、私だけではないはずだ。

あるいは「ＱＢＫ」という隠語ですっかり有名になった例がある。ワールドカップという大舞台で、しかもそれ以外には点の取りようがないというシチュエーションでゴールを外した某選手は、試合後に「急にボールが来たので」とコメントして日本中の不興を買った。

これほど大きなミスをした後、なお次の試合で選手生命をかけてがんばると決意表明することは、もちろん個人の自由である。しかし、社会的には認められないだろう。

ここでいう七〜八割方とは、ものすごく難しいゴールは決められなくてもいいという意味だ。しかし、**誰でも決められるようなゴールは決めなければならないし、ど真ん中に来**

たボールはちゃんと蹴らなければならない。画期的な仕事はできなくとも、少なくとも不注意によるミスはなくす。そういう部分が、「七〜八割」の中に含まれているのだ。それをこなしたうえで、もっといいプレーができたはずだから次にがんばる、もう少し難しい課題にチャレンジしたい、となるのである。

あるいは、大事な試験や仕事であるにもかかわらず、時間になった時点で三〜四割しかできていないという人もよくいる。そういう人は、大事であるがゆえに、周辺の情報集めなどに時間をかけてしまうのだ。だがそれでは、仮に三〜四割がどんなに立派でも、もうその時点でアウトである。逆に、とりあえず大事な部分だけを押さえ、粗削《あら》りでも七割程度できていれば、そこから先は見切り発車でもなんとかなるものだ。

私は長年、大学で教えてきて、つくづく多くの日本人がこの十割主義という〝病〟に冒されていることを思い知らされてきた。**さほど大事とは思えない部分に、余計なエネルギーを使いすぎる**のである。

たとえば学生に長い文章を読ませるとき、「三分でざっと最後まで目を通せ」と指示しても、三分後には三分の一程度しか読めていないことが多い。そうすると、その後の作業は三分の二を読まずに進めることになる。これでは授業が成り立たない。

三分で文章を理解しようと思えば、たとえば一行おきに読んだり、ポイントだけ拾って読むなど、工夫の方法はいくらでもある。実際、そうするように教えているのだが、彼らにはそれができない。頭からじっくり丁寧に読み、十割理解していく癖が染みついているためだ。しかし、全体をざっと見通してから最初に戻るほうが実際には効率がいいのだ。

これは、日本人に共通する弱点である。読むことだけではなく、書くことでも、多くの仕事でも、七〜八割方で次へ行くという習慣を身につける必要がある。とにかく**エネルギーの大半をもっとも重要な部分に注ぎ込み、粗削りでも仕上げてしまう**ということを意識しなければならない。それによってスピード感が生まれるのである。

やり残したという「欠如感」が次の仕事のエネルギーに

七〜八割方で終わらせると、そこには当然、**何か欠如しているという感覚**が生まれる。これはけっして悪いものではない。「ああ、あそこでやり残した」とか「もうちょっとあそこをこうしておけばよかった」という感覚が大事なのだ。繰り返すが、それが次の仕事のエネルギーになっていくのである。

だいたい私たちには、穴があったら埋めたいという性向がある。学校教育の穴埋め問題で訓練しているためか、抜けている部分があると欠如感が生まれる。そしてそれが、加速のコツでもある。

むしろ何もない大平原に家を建てるという感覚は、私たち日本人には馴染みが薄い。もともと何もなければ、欠如感もない。しかし、足りないところを埋めることなら得意である。何かが足りないから、そこを埋めていく。それを繰り返すから、しだいに加速していくのである。

ならばチャンスを待つだけではなく、**自分で空欄をつくって埋めたくなる衝動を駆り立てて**みればいい。たとえば正月に、その一年でやりたい仕事、やらなければいけない仕事のラインナップを書いてみるという手もある。私は正月や月はじめに手帳にプランを書き出すのを趣味にしている。スケジュールや目標までざっと決めておくと、足りないのは中身だけ。つまり空欄なのは実行だけということになる。そうなれば、どうしても埋めたくなるはずである。

その前提で仕事をすすめる際には、大きく二つの方法がある。更地方式と建て増し方式だ。

更地方式とは、一つの作業を終えたら更地にして、また一から建てていくというものだ。ただこの場合、建てるのは堅牢なものではなく、すぐ壊せるものだ。ここでも重要なのはスピード感である。もう一つの建て増し方式とは、古い旅館のように、文字どおり次々と建て増ししていく方法だ。既存のものを活かしつつ、欠如感があるかぎり永遠に完成しない。いずれにしても、**自分の中で次の意欲につながるような終わり方をする**ことがポイントだ。

このことは、もっと卑近な例で考えてみてもわかるだろう。たとえばレストランに行って注文しそこねた料理があると、また別の機会に行きたくなる。しかし、とことんメニューを食べ尽くしたら、不思議と足が遠のくものだ。

「分数思考」で仕事にはずみをつける

誰でも、単調な仕事をしているとモチベーションが下がる。ましてそれが膨大な量だと、ひたすら辟易《へきえき》してしまうだろう。

私の場合だと、たとえば五〇〇枚の原稿を書かなければならないときがこれにあたる。

これだけの分量を書き続けるのは辛いものだ。なかなか埋まらない空白を見つめ、「ようやく何枚、あと何枚」と数え、ため息をつきたくなることはよくある。当然、気力も萎《な》え気味になる。

そんなとき、小手先の技術ではあるが、**分数を活用する**という手がある。たとえば五〇〇枚中、五枚書き終わったとすれば、残りは四九五枚。これは途方もない数字である。一枚一枚の積み重ねでしかないため、大きく変わるはずもない。

しかし、分数で考えれば一〇〇分の一は終わったことになる。一〇枚終われば五〇分の一、五〇枚終われば一〇分の一。とたんに数字が小さくなっていくのである。これを励みにすることで、初速がつきやすくなるのである。

さらに、だいたい二分の一を超えてくると、数字にもはずみがついてくる。「これで五分の三だ」とか「もう三分の二も来た」といった具合である。こういう数字の変化が、加速感を煽る気がしないだろうか。

これは、私がいつも無意識のうちに使っている方法である。分数は苦手、という人もいるかもしれないが、大雑把に三分の一や二分の一、あるいは五分の一とか五分の三程度なら、かなりイメージしやすいだろう。

もちろん、原稿枚数のように、量的なものだけが該当するわけではない。たとえば時間でも「もう一〇分の一が過ぎた」「二分の一が終わった」という具合に使うことができる。ちょっとした錯覚の応用だが、快感を呼ぶという意味で、分数の使い勝手はなかなかいい。

天才たちの才能の源泉は「量」にある

世の中には、何事についても「量より質」と考えている人が少なくない。とりわけ日本人は、直感的に「質」を好むようだ。ついでに、量をこなすと質が低下するという〝妄信〟もある。

しかし私は、まったく逆だと思っている。**まず量の設定を優先することで、質もついてくる**。これは一種の確信だ。私自身の経験でいえば、量をこなしてない人は、質をうんぬんするレベルに達していないことが多い。**量をこなすことで初めて、いい悪いがわかるようになってくる**のだ。もっと平たくいえば、何事も、とにかく量さえこなせばなんとかなるということである。

このことは、ものづくりで考えればわかりやすい。つくり手側からすると、大量につくるほうが、いいものが安定的にできる。とくに職人仕事なら当たり前で、二〇個しかつくらない場合と何万個もつくる場合を比較すれば、後者のほうが圧倒的に安定しているはずである。

じつは私も、かつては量をこなすと質が落ちるという考えにとらわれていた時期がある。だがあるときから、こうした考え方を捨てた。私が尊敬する思想家などが、軒並み異常な量の仕事をこなしていることに気づいたからだ。

トルストイも、ドストエフスキーも、プラトンも、フロイトも、これが人間業かと思うほど大量の著作物を残している。あるいは民俗学者の柳田國男も膨大な量に達している。これを一文字一文字書いたのかと思うと、気が遠くなるぐらいだ。

では、彼らの書いたものはレベルが低いのかといえば、そのようなことはない。いずれも、人類の歴史上に残る偉大な著作物だ。

そこで私は、ふと気がついた。日本人的な感覚からすれば異常だが、欧米では、一流の人物がこれぐらいの量を書くのは当たり前とされているのではないか、ということだ。そう考えるようになってから、量に対する偏見にとらわれないようになったのである。むしろ日本人が量に偏見を持っているのは、自身のエネルギーのなさをごまかすためではないか、という気さえする。

あるいは画家や作曲家にしても、一流の人は驚くほど大量の作品を残している。たとえばモーツァルトは、子ども時代からどれだけつくってきたことか。ヴィヴァルディも、バッハも、ベートーヴェンも、およそ人間業とは思えない量だ。

「それは天才だからできた」という人もいるかもしれない。たしかに質に関しては、才能が大きく左右する部分もあるかもしれない。しかし、量については関係ない。誰でも、量をこなすだけならできるだろう。

さらにいえば、天才たちは、こうして**量をこなすことで〝自動化〟できる部分を増やしていった**のではないか。それはとりもなおさず、新しい分野や表現にチャレンジする時間を確保することにもつながる。

画家なら、たとえばリンゴをずっと描きつづけていると、たんに上手くなるだけではなく、とくに何も考えずに描けるようになる。それが自動化だ。そういう部分が増えれば増えるほど、より短期に、しかも安定的に描くことができるようになるわけだ。だとすれば、まさに加速度的に作品の数は増えるし、チャレンジする機会も多くなる。天才の天才たるゆえんは量にこそあった、ともいえるのではないだろうか。

「箇条書き」で脳が活性化する

学生のころ、問題集の難しい問題に直面し、膨大な時間を浪費した経験はないだろうか。同じ時間を他の問題に充てれば、もっと大量の問題が解けたはずだ。勉強中の問題集ならまだいいが、これが試験なら即アウトである。

一つひとつの出来・不出来にこだわりすぎると、先に進めなくなる。 トータルで考えれば、これは損である。やはり、大事なのは量だ。くだらない問題でも一問は一問、くだらないアイディアでも一個は一個である。

だから私は、授業でもかならず「個数」を要求する。先日も、ある教育現場を撮影したビデオを見せて授業を行ったときのこと。内容は、イギリスの学校で、イジメをなくすためにさまざまな工夫をしている様子を紹介したものだった。

私から見ると、そこでは二十から三十もの工夫がされていた。だが学生に感想文を書かせると、そのうちの一点だけに着目し、だらだらと考察を重ねるものが多かった。他の工夫に気づけなかったわけだ。

そこで次に、四人一組にして、このビデオの中で工夫されていたポイントを最低二十個、箇条書きで挙げるよう指示した。そうすると、彼らは懸命に思い出しながらディスカッションを始めた。

ここには正解もないし、条件もない。取るに足らないような、くだらないことでもかまわない。そうすると、最初は一点しか見ていなかった彼らでも、二十から三十は挙げることができるようになる。

ビデオの内容もさることながら、この授業で学んでほしかったのは、箇条書きという作業そのものだった。感想文の段階は、いわば金魚すくいで一匹だけを手づかみしているような状態だった。しかし**箇条書きは、脳をかぎりなく活性化させる**。ザルを使って金魚すくいをするようなものだ。一匹を追いかけていたときと違い、もれなく俯瞰できるようになるわけだ。

さらに興味深いのは、箇条書きに欠かせない「数字」の特性だ。一番から順番に項目を挙げ、一三番、一四番と数が溜まっていくと、止まらなくなるのである。子どもの場合は顕著だが、人間は数を数え出すと、つい次の数字を言いたくなる。一三といえば一四、一四といえば一五といった具合だ。

これは、整数だからこそなせる業だ。一つ一つ区切られている一方で、続いているから積み重ねたくなってくる。これが小数の場合は、そうはいかない。一線に並んですべてつながるから、数える意欲が湧いてこないのである。たとえば〇・〇〇〇三、〇・〇〇〇四とは誰も数えたくないだろう。

つい数えたくなる整数の魔力を利用し、脳の活性化につなげる。これが、箇条書き方式の大きなメリットだ。

「細部に注目」してその世界に入り込む

テレビ番組の『開運！なんでも鑑定団』を見ていると、素人では見分けのつかない〝お宝〟に対し、プロはズバリと「これは似ているけど偽物です」とか「いい仕事してますね」と言い当てている。視聴者はただ感心するしかないが、このプロと素人を分けているのは〝目のつけどころ〟である。

プロは、似て非なるものを識別することができる。一点をルーペのように拡大し、「本物はこういう線の描き方はしない」といった具合に差異を見抜く眼力がある。しかも、その判断に確信を持てるところがすごい。

こういうプロには遠く及ばないにしても、その視点は加速を促す意味でおおいに参考になる。たとえば絵画を見るとき、全体をざっと眺めるだけでは、その絵の世界を知ることはできない。

ある微小な一部分に着目し、凝視してみると、その絵の内側に入っていくような感覚になることがある。それはある意味で、作者である画家の感覚に少しだけ近づいたようなものなのである。

画家は、無意識のままボーッとしながら全体を描いているわけではない。非常に細かい部分まで、気を使って描いているはずである。その**細かい部分をルーペ感覚で覗いてみることで、その凝縮された世界の中にもぐり込める**のである。

世の中には無数の絵があるが、その中に、どれだけ見ていても飽きない絵というものがある。それが一般に「名画」と呼ばれるものだ。名画は、全体のうちのどの一部分を切り取って見ても、それぞれの世界の中にもぐり込むことができる。たとえば、人間の瞳はこんなふうに描けるのか、人間の手はこんなに複雑なのか、こんな見事な背景があるだろうか、といった具合だ。そういう発見が部分の数だけあるから、見ていても飽きることがないのだ。
そういう**微妙なニュアンスの世界にもぐり込むと、次に全体を見たとき、相互のつながりを意識することができる。**そこで人は感動を覚えるのだ。名画を見ても何が名画なのかわからないという人は、たんに外側から全体を眺めているだけで、その世界の中にもぐり込んでいないのである。

加速とは五感を研ぎ澄ました「覚醒状態」だ

こうした内側にもぐり込む感覚をつかむためには、まず微細な違い、つまりニュアンスというものに敏感になる必要があるだろう。

そして、一度もぐり込むことができれば、それはある種の**瞑想状態**といえる。だとすれば、さまざまな場面で瞑想のチャンスがあるはずだ。

たとえば、波の音を聴くのもその一つ。波の音は、ほとんど同じ音の繰り返しで単調そのものである。しかし、それを聴きながら眠ってしまうようでは瞑想とはいえない。よく勘違いされるが、**瞑想は覚醒状態だから、睡眠とは真逆**なのである。

覚醒の感覚は、加速するときに必要な感覚だ。朦朧《もうろう》とせず、しっかり目覚めているということだ。そうすると、波の音の微細な違いに気づいていく。一回ごとの波が、微妙にニュアンスを変えていることがわかるようになる。録音したものを繰り返し再生するのとは、違って聞こえてくる。

本来、自然の波の音は、完全に同じということはあり得ない。しかし意識せずにいると、毎回「ざっぶーん」と聞こえるだけだ。これは聞いていない、もしくは聞こうとしていないことと同じである。波は「ざっぶーん」と聞こえるはずだという既成概念をもとに想像しているにすぎない。

一回一回の波の音の違いを把握しようとしているか、それとも聞き流しているか。それが、覚醒とぼんやりの違いである。

波の音ばかりではない。絵画や音楽、文学など、あらゆるものについて同じことがいえる。これらを楽しむということは、**微細な違いに気づくよう脳を覚醒させる**ということなのだ。それができれば、自然に加速するはずである。

だとすれば、もはや絵画や文学が「好きか、嫌いか」というレベルの話ではなくなる。どの作品のどの部分が優れているのか、他とどう違うのか、微細に語れるようになる。それが、内側の世界にもぐり込む感覚だ。

およそ加速している人は、何かの内側にもぐり込んで集中する習慣を持っている。一度もぐり込めば、それが自分のものになるのである。**漠然と眺めているだけでは、永遠に進歩はない**。

自分の内部への「沈潜」が人生の屋台骨をつくる

ときには、自分一人で「**沈潜**《ちんせん》」してみるのもいいかもしれない。

沈潜とは、阿部次郎の往年の名著『三太郎の日記』にあるように、旧制高校の学生が好んだ言葉だ。いまではすっかり死語になっているが、要は、**外部からの雑音をシャットアウトし、自分の中にもぐり込む**ということだ。沈んでもぐり、そこで哲学して力を蓄える。それが沈潜である。

現代社会においては、哲学しても経済行為のように報酬があるわけではない。だいたい哲学とは、人間の根源まで深くもぐり、なぜモノはあるのか、なぜこう生きるのか、認識とは何かといったところまで探究することだ。まさに沈潜的な行為である。自分を社会からいったん隔絶し、読書などによって考え方を深める訓練と言いかえてもいい。

旧制高校では、西田哲学をはじめとして、哲学への沈潜が流行していた。ただし、その沈潜から浮上してきた学生が、そのまま一生哲学の勉強にのめり込んだかといえば、そんなことはない。ふつうに役人や経営者になったりしている。

しかし、青春時代のある時期の沈潜は、その後の人生に影響を与える。沈潜して貯めた思考力やエネルギーや信念、理念といったもの、あるいは読書習慣といった具体的なものが、経営者や役人になっても生きている。だからこそ、若いころにはそういう時期が必要なのである。

「禁欲」によって膨大なパワーを発揮させる

同じく死語になりそうなのが、「**禁欲**」だ。

かつて禁欲は、非常にメジャーなものだった。恋愛にエネルギーを割かず、とにかくいまは勉強に集中する、というわけだ。たとえば東大に大勢を合格させる有名進学校は、男子校が主流だった。これらの学校に共通しているのは、「オレたちは勉強一筋。女なんか興味ない」というヤケクソ的なパワーである。

だが現在は、共学が主流になりつつある。べつに性別を分けて勉強する必要はないだろうという流れだ。

ではなぜ、以前は分けていたのか。それは、十代の「異性とつきあいたい」という生物としての膨大な〝基本エネルギー〟をせき止め、ダム化するという教育者側の意図があったからだ。そのエネルギーを勉強にふり向けさせ、一流の人間に仕立て上げようというわけである。つまり「禁欲」には、宗教の修行などの例に見られるように、すればするほど人格が向上していくようなイメージがついていたのである。

もちろん、これには異論反論もあるだろう。しかし、**人間の欲望がエネルギーであることは間違いない**。それを**好き放題に拡散させるのではなく、ある程度自分でコントロールする**技術は重要である。それがなければ、エネルギーを重要な一点に傾注させることができないからだ。

たとえば、ゲームばかりしていて勉強が手につかないとすれば、それは本人にとって問題である。だが、ある時点で「ゲームをいくらやっても頭はよくならない。人生のステップアップにはならない」と気づくはずだ。あるいは膨大な時間の浪費に愕然とするかもしれない。そのときには、ゲーム機を封印するぐらいの覚悟が欲しいところである。

私は実際に、学生からゲーム機ではなく段ボール箱いっぱいの同人誌的なマンガ本を送りつけられたことがある。「これにハマっていて自分のやるべきことに集中できない」らしい。ならば捨てればよさそうなものだが、「何かの資料にしてください」という。この、人に送りつけるという発想はなかなか興味深い。

送られる側が喜ぶか迷惑に思うかはケース・バイ・ケースだが、とにかく自分の意思で段ボール詰めにしたところがポイントだ。完全に破棄し、楽しみを根底から断ち切るのは、いささかストイックに過ぎる。そこまで欲望を制限するのは、かえってよくない。その点、段ボール詰め程度で欲望を制限するぐらいなら、ちょうどいい気がする。

ストレスを引き起こす原因のことを、ストレッサーという。同様に、欲望にもスイッチのようなものがある。何らかのかたちで五感を刺激し、目覚めさせるようなものだ。件の学生にとっては、マンガ本そのものがスイッチということになるだろう。ならば、それを自分の視界から遠ざけるだけでよい。捨てるまでしなくても、段ボール箱に詰めておくだけで十分に効果があるはずだ。

あるいはテレビが壊れたとき、そのまま買わずにいたら、いつの間にかテレビを見なくても平気になったというような例もよくある。**欲望のスイッチを入れさせないためには、外的条件をゆるやかに整えれば済む**場合が多いのである。

考えても仕方のないことを考えない

さすがに人に送りつけるまではしないが、私もよく段ボール箱を利用する。役割を終えた仕事の資料や関連する本などをどんどん詰め込み、視界から追放するのである。これによって仕事に区切りをつけ、もう引きずったり後悔したりしないためだ。

考えても仕方のないことを考えないというのは、現在を生きるうえで重要な技である。たとえば小説家の宇野千代さんは、当人も書いているが、忘れることの天才だった。前の男のことを考える暇があれば、次の男を想う。過ぎ去ったことを振り返らないという潔さとバイタリティの豊かさが、そこにはある。

なぜ過去を引きずることがマイナスか。いささか下世話だが、資産の運用にたとえて考えてみればわかりやすい。いくら資産（エネルギー）を多く持っていても、それがバラバラに存在する小さな不動産では、活用のしようがない。しかも何らかの事情で売りにくい状況にあるとすれば、まさに宝の持ち腐れである。

仮にそれらをすべて売って現金化できれば、その資金で新たに土地を買い、ビルを建てることができる。それによって土地の価値を上げていったほうが、よほど効率的な資産運用になるだろう。

日常においても同じことがいえる。何年か前の恋愛がずっと引っかかっているとか、一つの仕事が滞って身動きがとれなくなっているなど、もともとエネルギーはあるのに滞留して動かせないという人は少なくない。それらを整理してエネルギーを集約し、一点に注ぎ込んで勝負をかける。そのほうがずっと建設的である。

ムダをどんどん省き、エネルギーの浪費を防ぎ、いざというときに一気に投資する。これも、加速していく際の大きなポイントといえるだろう。

第3章　「人間関係」が加速力のテコになる

ここぞという時には、タダでも働く覚悟を決めろ

一般に仕事というと、報酬を求めて行うものという意識がある。だが本来、仕事とは、かならずしも報酬が目的とはいえない。とくに**仕事を覚える時期においては、報酬がなくても取り組んだほうがいい**場合が多分にある。むしろ最初から報酬だけを求めていると、仕事を選びすぎることになりかねない。これでは、仕事ができるようになる速度が遅くなるだけだ。

仕事に対する報酬とは、その人の実績によるところが非常に大きい。最初は低くても、

その人の実績が上がっていけば、金銭的な評価も自然に高くなる。その度合いをグラフで描くと、けっして直線にはならない。最初はほとんど上がらず、途中から急カーブを描いて上がりだす。そして上がりだしたら止まらない。これが、加速しているときのグラフである。

つまり、成功したいと思うなら、まずは**タダでもいいから仕事をすることに意味を見出すこと**だ。それが先々の自分自身のためになるのである。

その際の最大の目的は、加速している感覚を身につけること。仕事をしなければ、加速しているという感覚はわからない。

その意味では、時給仕事はできるだけ避けたほうがいい。私も以前、時給で働いたことがあるが、たとえば時給八〇〇円で働いた場合、意識として「自分の一時間を八〇〇円と交換する」というものになりやすい。そうなると「べつにがんばる必要はない」「この時間をできるだけラクに過ごそう」と考えるようになる。これでは、加速の感覚からはほど遠くなるだけだ。

生活その他を考えれば、そういう働き方も仕方ないのかもしれない。しかし自分がやりたい仕事、これで伸びたいと思う仕事をするチャンスがあれば、「タダでいいから、お願いします」と頭を下げることも必要だ。仕事をすれば、伸びていく感覚が味わえるし、相手も「タダならやらせてみよう」と考える。そこで仕事の内容がよければ、「次も頼もう」となる。最初のうちは、ずっとタダでもかまわない。むしろ自分の修業期間と考えれば、ムダな労働にはならない。

ものは考えようで、時給仕事なら自分から業務を選ぶことはできない。雇い主の要求どおりに働くだけだ。しかし、タダでやるなら、自分のやりたい仕事を、やりたいようにできる。学ぶべき点も多いはずだ。

たとえば「自分は文筆業で世に出たい」と思っていたとする。最初は「タダでもいいから、何か手伝えることはありませんか」と編集者に頼んでみる。そうすれば「テープ起こしをやってくれないか」ということにもなるだろう。録音した取材内容を文字に書き起こすテープ起こしは、プロに頼むと非常にお金がかかる。だが素人でも時間をかければできるし、やっていくうちに技術が身についてくる。パソコンを打つスピードも速くなるし、文章を整える練習にもなる。

ここで「仕事ができる人間」という評価が得られれば、一つの**社会的信用を得たことになる**。**そうなれば「また頼もう」と思ってもらえる**。そこまで来れば、一般常識的に考えて、タダで頼まれたりはしない。「前回はタダで悪かったけど、今回は少ないけど、これだけ払う」ということになるはずだ。こうして仕事を積み重ねていけば、スキルアップを実感できると同時に、信用が得られる。まるでわらしべ長者のように、タダ仕事から社会とのつながりがどんどん増えていくのだ。

マーク・トウェインも友人に同様のアドバイスをしている。「賃金をきちんともらっているように仕事をするんだ。文句はいっさい言わないこと。賃金が欲しい、食費が欲しいなんて顔を絶対にしないこと。主任の性格にもよるが、この調子で、一日、二日、三日、四日、五日、六日と続ける。主任によっては、二、三日で折れてくることもあるだろう。一週間様子を見る奴もいるだろう。まるまる二週間、何とも思わず君にただ働きさせられるほど神経の太い主任もいないだろう。君の場合、一応、二週間頑張り通す主任にぶつかったと仮定しよう。その場合でも、まず二週間我慢することもなかろう。なぜかというと、この鉱山部落の一番有能な人夫は働くことが飯より好きで、自発的に無給で働いているってことを吹聴して回るからだ。君は近来まれにみる名物男となる」(『マーク・トウェイン自伝』(上)勝浦吉雄訳、ちくま文庫)。この助言は、友人に成功をもたらした。

同じことは、サラリーマンの仕事についてもいえる。何の見返りも求めず仕事をする人は、非常に少ない。そんな中で「やらせてください」という人には、仕事がどんどん集まってくる。**仕事が集まれば集まるほど、スキルアップする。忙しくなるから自分の時間を上手く区切る必要も生まれ、そこから自分の生活をマネジメントする能力も高まる。**これも一つの加速度感覚だ。

加速度感覚を身につけている人は、時間のやりくり上手でもあり、同じ二十四時間でも使い方がまったく違う。そうなるには、仕事をある時期にある程度詰め込んでしまい、無理やり時間を生み出す経験が必要になる。そこから時間の使い方が、上手くなっていくのである。

優れた人に付いて「回転数」を上げる

どうせタダで仕事をするのなら、**とくに優れた人を選んで一緒に仕事をすれば、加速度感覚をいっそう身につけやすい**。ダメもとで頼んでみることをおすすめする。

だいたいヤル気を見せられて、断る人は少ないはずだ。かつての書生はその典型で、彼らは師のもとで修業に励む一方、住み込みで食べさせてもらっていた。これも師が彼らのヤル気に打たれたからだ。

およそ優れた人は加速度感覚を身につけており、いまなお加速中でもある。そういう人と一緒にいれば、同じ感覚を身につけやすい。そこで若いころは、半年や一年で成功を求めるのではなく、まず「ただでいいから置いてください」「先生の仕事を手伝わせてください」と頼み、優れた人の〝書生〟となる。そんな〝書生時代〟が、将来の成功に結びつくのだ。

たとえば北野武さんの率いる「たけし軍団」も一種の書生システムだろう。日本において書生システムが非常に少なくなっているなか、自らを「殿」と呼ばせ、世話をさせる。やがて最初はただの烏合《うごう》の衆だったものが、一人ひとりが個性を発揮し、成功するようになった。お笑いタレントはもとより、映画監督や画家、はては県知事まで誕生している。

これも北野武という人間が、加速度というものを日本でも稀なほどに持っているからだ。彼はお笑いタレントとして、非常な加速度で登場してきた。早咲きではないが、これは力をため込む準備期間だったといえる。逆風のときはためておき、漫才ブームで風が吹いたとたん、一気に上昇した。そのまま加速して、さらには映画監督になったり小説を書いたりと、いろいろなことにチャレンジしている。そのたびに成功することで、ますます加速度を高めていった。そんな人と生活をともにすれば、加速する感覚も自然に伝わってくるだろう。

かつての徒弟制度にも、そうした部分があった。たとえば落語家になりたい若者が、師匠のもとに住み込み、家の掃除をする。掃除などしなくても落語は上手くなりそうなものだが、そうではない。内弟子として師匠と一緒に暮らすことで、盗めるものは多い。高座に出ている以外の時間をどう使っているのか、ふだん何を考えているのかなど、すべてをその場その場で、いろいろな角度から盗んでいけるのである。

あるいは一緒に生活することで、緊張感が生まれる。優れた人ほど、猛烈な速度で動いている。その速度についていけなければ叱られるから、その人の**回転数**に慣れざるを得ない。やがて、その人が生み出す速度に慣れていくのである。

回転数を高めるには、緊張感をもつことが大事だ。**つねに緊張感のある中で意識の回転数を上げていくシステム**が、書生制度や内弟子制度だったのだ。その意味では、まったく叱らない師匠より、ある程度の怖さをもった師匠のほうがいい。

また書生制度のもとでは、いまは無名だが、いずれ名をあげたい、加速したいという野心のある人たちが集まっていた。そういう**集団が醸し出す高揚感**は、いっそう加速しやすい状況をつくる。師匠と弟子の関係だけでなく、仲間うちの関係も加わり、個人で努力するより大きな加速力が生まれやすいのである。

現代では個人が伸びることに重きが置かれ、仲間同士で伸びることが軽視されている。それが、今日の日本の若者にいま一つ加速度感覚が足りない要因でもある。

その仕事で生きていきたいなら「来た仕事は断るな」

「自分がこの仕事で生きていきたい」と思ったとき、「**来た仕事は断らない**」という原則を立てることも大事だ。自分から「これをやりたい」と申し出るのもいいが、一方で誰かから「この仕事やる？　やらない？」と聞かれたら、かならず「やります」と答えると決めてしまうのである。

こうすると、まず自分自身が楽になる。一つひとつの仕事をやるかやらないか、いちいち考えるのは疲れる。「なんでもやる」と決めておけば、そんな心配はない。もちろん無理が来るときもある。それでも頼まれた仕事をどんどんこなしていけば、仕事を速くする能力がついてくる。

そもそもおもしろい仕事や報酬の高い仕事というのは、相手との関係が濃くなったときに生まれてくるものだ。最初から、うまい話など来るはずがない。まずは人とのつながりをつくることが重要なのだ。

たいした仕事ではなくても、来た仕事を断らないことによって、その人とのつながりができ、その人からどんどん仕事が来るようになる。なかには、いい話がまじっていることもある。要は商店街のくじびきみたいなもので、ほとんどは〝外れ〟なのだ。**外れて外れて、そのうちいきなり〝当たり〟が出る**のである。

私は子どものころ、三等賞を当てて醤油の一升瓶をもらったことがある。子どもにとって醤油自体にたいした価値はないが、当たったことは非常にうれしかった。「本当に当たりがあるんだ」とわかり、ヤル気も増したものである。

仕事の多くは、当たりではない。だが、いろいろこなしているうちに「当たりもある」ということがわかってくる。それがわからない人は、オファーが来た時点で「その仕事は当たりですか、外れですか」と聞いてしまう。聞かれたほうも、当たりか外れかはわからない。だから、たいてい「当たりではない」と答える。実際、当たりでない仕事のほうが多い。だからといって「当たりでないなら、やめておきます」と言ってはダメなのだ。

偉くなってからなら、こういう対応でもいい。当たりしか引き受けないというやり方も認められる。だが同じことを最初からやれば、その人には誰も仕事を頼まなくなる。**オファーの絶対数が少なければ、当然、当たりも少なくなる**だろう。宝くじは買わなければ当たらないように、当たり仕事も数をこなさなければつかめないのだ。

黒川紀章氏や安藤忠雄氏のような世界的な建築家ともなれば、来る仕事も当たりが多いだろう。有名で実績のある人には、みな当たりの仕事をもってくる。だが安藤氏にしても、無名時代はコンペ（設計競技）で敗退の連続だった。氏の『連戦連敗』（東京大学出版会）によると、初期のころは、頼まれればそれが小さな犬小屋でも設計したという。そうすればスキルが身につくし、立派な犬小屋ができれば、そこから「じゃあ、家の玄関も頼もう」とか「新築のときも頼もう」となるのが人間だからだ。

このことは、頼む側の立場で考えてみてもわかる。初めての人に仕事を頼むとき、まずは小さい仕事で試すものだ。その時点で断られれば、次の仕事を頼もうとは思わないだろう。

とりあえず誰かがやらなければならない仕事がある。面倒な単純作業というのは、誰もが引き受けたがらない。それを引き受けて、全体に貢献しようという気持ちがあるところを見せれば、しだいに「責任ある仕事を回そう」という気持ちにもなってもらえるはずである。

どんな球でも打ちながら、絶好球を待つ

「来た仕事を断らない」という姿勢は、フリーランスはもちろん、組織にいる人も持ったほうがいい。「上に行きたい」と思うなら、組織の人間もフリーランスのような感覚を持つ必要がある。

フリーランスで仕事をしている人には、膨大な仕事量をこなす人が多い。漫画家のしりあがり寿さんは、あちこちの新聞や雑誌に大変な量の連載を抱えているが、いまだに仕事を断る率が非常に低いという。私もよく本のイラストを依頼するが、多忙ななか引き受けてくれるので、つい次の仕事も、となってくる。ものすごく仕事をしている人というのは、「こんな小さな仕事まで？」というような仕事まで受けているものなのだ。

フリーランス感覚を持っているほど、仕事がない状態を恐れる。**仕事は自分が生み出すものでなく、人がくれるもの**という意識が強い。だから来た仕事を断らないのだ。

たとえば俳優の内藤剛志さんは、まだ名前が売れていない時代、来た役は絶対に断らなかった。役者というのは、頼まれたことをやる仕事だと考え、どんな仕事でも引き受けていた。すると突然、あるテレビドラマでブレークしたという。

いわば**球が向かってきたら、どんなボール球でも打つと割り切る。いずれド真ん中のストライクも来るから、そのときにホームランを打てばいい**。初期のころは、そういう姿勢でいたほうが、他人との輪ができやすい。輪が広がるにつれて仕事も増え、自然に加速していく。そうすればスキルもアップしてできることも増え、当たりの仕事にも出会えるようになる。

仕事の依頼は、いわば飲み会の誘いのようなものだ。二回目ぐらいまでは誘って断られても、「また誘おう」という気になる。だが三回目も断られると、「彼は自分とは飲みたくないのだな」と判断し、誘う気がしなくなる。仕事の場合も、一〜二回頼んで断られても「忙しいんだろう」と思ってもらえる。だが三回目も断られれば、「ヤル気がないんだな」「自分とは関わりたくないんだな」と判断されるのだ。

逆に誘って断られなければ、「また誘おう」となる。一緒に飲んでいると、いっそう親近感が湧き、「また飲みたい」となる。仕事も同じだ。一緒に仕事をするなかで関係が深まり、「また頼もう」となるのである。

余談ながら、なかには**引き受けすぎて、消耗してダメになる人**もいる。仕事をこなしていくなかで、ワンステップ上に移れなかったケースだ。こういう人に対しては、上司が気づかってやる必要がある。何でも引き受けた結果、単純作業で消耗されすぎている人には、ポンと別のミッションを与える。たくさんの仕事をこなすなかでスキルアップしているのか、たんに消耗しているだけなのか。そのあたりを見極める目をもつことが、上の人間には求められる。

だがこれはもっと先の話だ。とりあえず初期のころは、そこまで考える必要はない。来た仕事はすべて引き受ける覚悟を持つようにすることだ。

常識の三分の一以下の期間を「納期」とする

かつてまだ知名度も何もないころ、私はたまたまある新聞社から一本の原稿執筆を依頼された。担当者によると、その欄はいろいろな人に頼んでいるので、原稿ができた段階で掲載するとのこと。だから締め切りはあってないようなもので、およそ一か月先でもいいという。

だがこのとき、私は二日後に原稿を上げた。担当者は驚きつつ、すぐに掲載してくれた。すると、その記事を見た出版社から本の執筆の依頼を受けた。締め切りは数か月先との話だったが、私はこれも一か月程度で書き上げた。やはり担当者が驚いたことは、いうまでもない。

依頼された仕事はけっして断らない。これは若いころの私のモットーだったが、もう一つ、実践していたことがある。**納期を通常の三分の一以下にする**ということだ。簡単にいえば、前倒しで仕事を終わらせていたのである。

この二つを守った結果、来る仕事が止まらなくなった。理屈でいえば、通常の納期の間に三倍の仕事を終えるようになった。必然的に、もう加速せざるを得ない状態に追い込まれたわけだ。

これはある意味で当然だろう。依頼する側にしてみれば、断られないばかりか、あっという間に仕事を終えてくれたことになる。間違いなく印象に残るし、それほどヤル気があるならまた頼もうという気にもなるはずだ。

しかも、こういう話は同僚や同業者にも伝わりやすい。噂が噂を呼ぶように、仕事の依頼が複数から来るようになる。とくに急ぎの仕事を抱えている人にとっては、藁にもすがる思いで依頼したくなるはずだ。

平たくいえば、納期を早めるだけで仕事は増えていくということだ。それなら、納期の短期化を習慣にしてしまえばいい。ふつうは納期から逆算して準備していくものだろう。しかし、これではふつう過ぎて埋もれてしまう。世に出て成功したいときは、もう一段のがんばりが必要だ。

なお、「三分の二」という数字自体にはさして意味があるわけではない。しかし、たとえば五分の四ぐらいの納期では誰も驚いてくれない。その点、半分以下なら間違いなく目立つ。納期一か月のところを三週間程度で納めても、「ああ、早いね」ぐらいで終わるだろう。しかし二週間以下で納めれば驚かれるはずだ。たんにがんばっていると思わせるだけでは足りない。**加速を印象づけるには、相手を驚かせなければならない**のである。

こういう加速は、目に見えやすい分、他の人にも伝わりやすい。この人は加速しているなと思えば、一緒についていきたいとか、バックアップしたいと思う人も現れるものである。

ふつう、原稿を仕上げる期限のことを「締め切り」という。だが広く一般的なビジネス世界にあてはめていえば、「締め切り」とは「納期」のことだ。仕事を〝納めて渡す期限〟と考えれば、責任の重みが違ってくる。

私は学生時代、夏休みの宿題などは基本的にギリギリまでやらなかったタイプである。だが、仕事で成功しようと思ったから、発想を一八〇度変えた。納期が遅れることは、ビジネス世界でも最悪のことの一つだ。ここが守られないと、その後がすべて崩れていくからである。ここが、学生の「提出期限」とは根本的に違うところだ。だとすれば、それほど重要な納期を早くすることは、加速の大きな原動力にもなるだろう。

そしてもう一つ、納期を早めるメリットは、**次の仕事のかたちが見えるのも早い**ということだ。それによって、お互いに方向性を確認することができる。あるいはそこにズレがあっても、納期が早かった分、修正する余裕もある。もし納期ギリギリに納めたものが先方の気に入らなければ、もう間に合わない。次回から頼むのをやめようという話になるだけだ。

一つの仕事の終わりは次の仕事のスタート地点

一つの仕事を終えたとき、先方とざっくばらんな話をして、「いつかこんな企画ができるといいですね」などという会話になることはよくある。そこに若干の本音はあったとしても、たいていは〝社交辞令〟として片づけられるものだ。

だが私はこういうとき、絶対にそれだけでは終わらせない。私の経験上、**「またいつか」の話が実現する可能性はきわめて低い**。それはちょうど、女性の「またいつか食事に行きましょう」というセリフが、じつは「あなたとはもう会いません」という意味であることと同じである。

そこでポイントになるのは、一つの仕事を終えたとき、次の企画の具体像まできちんと提示するということだ。先方との間に時間的な空白をつくらないようにする、と言い換えることもできる。打ち上げに行って飲んで騒ぐのはけっこうだが、それだけではもったいない。むしろその高揚感を利用して、次の企画をラインに乗せられるよう仕向けたいところである。

ここで企画の提示ができれば、次の仕事のかたちがある程度まとまるため、もう回転が始まる。これを習慣化すれば、仕事は止まらなくなる。必然的に、加速せざるを得なくなるわけだ。

ただし、概して飲み会の席での話は、文字どおり〝酒の席〟の話として終わってしまう可能性がある。その場である程度まとまったなら、**翌日にはそのプランを企画書にまとめて提出**したほうがいい。そういうテンポをつくることで、先方に「本気だったんだ」と思わせることができるわけだ。

酒の席での話と企画書とでは、重みが違う。とくに肩書が比較的高い人ほど、メモをとったり企画書を書いたりしないものだ。つまり、口先だけの安請け合いをしてしまうことが多い。翌日になるとケロリと忘れられてしまう可能性が高いわけだ。

しかし、ハードルが低いという意味では、安請け合いは逆にチャンスともいえる。たとえ安請け合いとわかっても、真面目な企画として受け止めたフリをして、翌日には企画書を提出する。そこまでされれば、先方も「またいつか」とは言えなくなるはずだ。そのためにも、文書にするということが大事なのである。

自分の中で勝手にライバルをつくる

仕事に取りかかろうとしても、なかなか集中できないことがある。「やらなければ」と思っても、つい怠けてしまう。そんなときは、**自分の中で勝手にライバルをつくってみる**といい。

職場の同僚や先輩、大学時代の同期、あるいは雑誌などで見かけたビジネスマンなど、誰かを意識することで、自分の中に具体的な目標をつくる。それによって脳を活性化させ、闘いやすい状況をつくるのである。

さらには、ライバル視するだけでなく、「この人を乗り越える」と思ってみる手もある。だいたい「自分のほうが上である」「自分のほうが正しい」と思うのは、子どもじみた考えである。だが子どもには、バカにできないパワーがある。実際に言葉にしたり態度に表したりすれば、本当に子どもの行為になってしまうが、思うだけなら問題ない。ある意味、妄想を膨らませ、それをパワーの源にするのだ。

人類が宇宙に行けるようになったのも、米ソの冷戦のおかげである。かつて米ソはライバル関係にあり、ソ連の人工衛星スプートニクの打ち上げにショックを受けたアメリカは、教育をはじめ自国のさまざまな制度・システム等を見直した。そして有人月面着陸を成功させたのである。

刺激を受ける環境にあることが、進歩には大事なのである。

最高の師にめぐまれる「私淑力」

「私淑《ししゅく》」という言葉は、ふだんはあまり使わない。だが、これを使いこなすことができれば、加速するうえで大いに役立つ。

私淑とは「ひそかに、よしとする」ということだ。直接教えを受けていないが、その人を慕い、その行いを模範として学ぶ。直接教えを受けると「師事」になるが、私淑の場合、たとえば「ニーチェに私淑する」「ゲーテに私淑する」など、直接習いようもない人から師弟関係を想定して学べるようになる。

私淑のいいところは、とにかく師を勝手に選べることだ。**勝手に選んで、勝手に学ぶ。**これは非常に便利である。

現実の人間関係では、身近にいる先生や上司などが優れた人物である確率はかならずしも高くない。むしろ加速するための妨げになっているケースも多い。そういう状況の中で、直接上の人を「先生」や「師」として、かならずしもあがめる必要はない。また実力があって優秀な人でも、人格ができていないことがある。そういう人に師事すると、何かとやっかいなことが多い。そこで利用したいのが、私淑なのだ。

私淑であれば、お互い迷惑にならない。相手が故人なら、なおさらだ。直接会って影響を受けるのも悪くないが、理論的には直接会わなくても学べる。「先生」と思っていれば、本を通して存分に知ることができる。

だから私の場合、本を読んでどうしてもその著者に会いたくなるということは、ほとんどない。たとえばゲーテを読んで、ゲーテに会いたくはならない。「ゲーテが私一人のために、目の前で語ってくれている」と思って読んでいるからだ。ほかの人のために書いていると思うことはない。「私に向かって書いてくれているなんて申し訳ない。それもこんな値段で、これだけの内容を享受できるとは、なんとありがたいことだろう」という気持ちである。

本は、私たちにとってきわめて安い勉強手段だ。その人を個人的に家庭教師として雇えば、大変なお金がかかる。ところが本なら、安ければ数百円、高くても数万円でいい。それでいて「自分の先生の言うことだから、何が何でも吸収しなければならない」と考えているから、集中力が出る。

さらには、**人間関係のわずらわしさがない**。いまは誰もが人間関係のわずらわしさに参っている。しかしそれを整理していくと、学ぶべき先生がいなくなりかねない。昔なら先輩と後輩、先生と弟子といった関係がたくさんあり、その中でもまれ、成長していった。いまはわずらわしいことから離れたい人が多いだけに、まさに見直したい勉強法だ。

相手のもとに、いちいち出向く必要がないのもいい。優秀な人というのは、たいてい忙しいものだが、私淑なら先方に迷惑をかける心配がない。自分の考えしだいで、入れ換えも自由である。

現実の人間関係では得られない「学び」を得る

たとえばある人に、私淑する人が三人いたとする。その三人が誰かを聞けば、私はその人がどういうタイプの人かわかる。逆に「私淑している人はいない」と答える人は、たいしたことがないと判断する。自分がひそかに先生と仰ぐ人がいて、その人を目標にしている人のほうが、そうでない人よりがんばれると思うからだ。「独学」という言葉はあるが、**本当に誰もいなければ学ぶことはできない**はずである。

たとえば兼好法師に惚れ込み、『徒然草』はすべて覚えているという人がいたとすれば、その人は兼好法師に私淑しているといえる。『徒然草』は高校時代、古文の授業で誰もが読んでいる。だが兼好法師に私淑している高校生がどれだけいるかというと、ほとんどいないだろう。

じつは私は一時期、兼好法師に私淑していた。「この人は、人生の極意やコツをわかっている」「偉い、やるな」と思ったからだ。古典だからよい、という一般的評価ではない。自分とセンスが合うと感じた。この人の言っていることはあちこちに応用できると思い、「この言葉は、ここで使おう」「この言葉は、この場面で使おう」などと考えていた。そこから生まれたのが、拙著『使える！「徒然草」』（ＰＨＰ新書）である。私淑する対象は、まず自分のタイプにフィットすることが大事なようだ。

ゴッホに私淑していたのが、版画家の棟方志功だ。その生涯を草野心平が「わだばゴッホになる」という詩に記している。

鍛冶屋の息子は。
相鎚の火花を散らしながら。
わだばゴッホになる。

裁判所の給仕をやり。
「貉《むじな》」の仲間と徒党を組んで。
わだばゴッホになる。
とわめいた。
ゴッホにならうとして上京した貧乏青年はしかし。
ゴッホにはならずに。
世界の。
Munakata になった。
古稀の彼は。
和紙をつないだので鉢巻きをし。
板に獨眼の。
そして近視の眼鏡をぎらつかせ。
彫る。
棟方志功を彫りつける。

画家でゴッホに私淑する人は非常に多い。なかでも棟方志功は、はっきり自覚して私淑した。ゴッホは実際に会えば、とんでもない人物だろうから、私淑が一番だ。ゴーギャンならずとも一緒に生活したら、参ってしまうだろう。そのゴーギャンに私淑するのも同じで、やはり一緒に暮らすのはおそらく大変だろう。セザンヌも気難しい人だから、やはり一緒に暮らさないほうがいい。

並外れた才能の持ち主というのは、癖が強く、いい人ではない可能性も高い。その点、会うことのない私淑は便利で、それでいて**その人の最良の作品から直接学ぶ**こともできる。しかも現代は情報が豊富なので、すべて私淑しやすいようにできている。

昔ならゴッホの色がきれいに出ている画集は、あまりなかった。いまは進化して、きれいな色の画集が、ゴッホにかぎらずたくさん出ている。場合によっては、自分の家のパソコンで見ることもできる。そんな時代なのに「私淑力」を活用しないのは、じつにもったいない話だとさえ思う。

また世阿弥に私淑したら、心の中で大きな変化が起きるだろう。彼はまさに本物で、その意識の高さを自分に移したら、世の中のほとんどが止まっているように見えるはずだ。

つまり私淑とは、**現実の人間関係ではとうてい得ることのできない水準で、学びを得ら**

れるということなのだ。その人たちに私淑すれば、その時点で加速しているといえる。その意味で、本を読むときは、ただ情報を得るのでなく、私淑するぐらいのつもりで読むこと。そうすれば吸収度もぐんと高まるだろう。

自分と領域の異なる「師」をつくっておく

ただし私淑は、「尊敬」とは違う。たとえば私はマザー・テレサを尊敬しているが、まだ私淑はしていない。私淑してしまえば、私も何かやらなければならなくなるからだ。野口英世も同じで、尊敬はしているが私淑ではない。

そうしたことを踏まえたうえで、「自分のお気に入り」といえる人を三人ぐらいつくり、「私淑している人は誰か」と聞かれたら、「この人とこの人とこの人」とはっきり答えられるようにしておくといい。ビジネスマンなら、自分の業界に近い人など現実の人で一人、ビジネス界の巨人みたいな人で一人、そして**最後の一人はまったく違う領域の人**にする。「ビジネスマンなのに、なぜかゴッホに私淑している」といった具合だ。ゴッホに私淑しているビジネスマンというのはちょっと異常だが、その異常さが加速につながるかもしれない。

「オレはビジネス界のゴッホになる」でも「ビジネス界のセザンヌになる」でも「フェルメールになる」でもいい。ゴッホとセザンヌとフェルメールは違う。ゴッホに私淑しているときとセザンヌに私淑しているときでは、仕事のやり方も変わってくる。領域が違ってもそのスタイルに惚れ込んでいるなら、それを仕事に持ち込めばいいのだ。

領域の違う人に私淑するのは、心の避難所をつくることにもなる。同じ業界だけだと、直接的すぎる。ゴッホの絵を見て、「ふうっ」とひと息つく。芸術家に私淑するよさは、こういうところにもある。心の安息所であり、なおかつ心に活力を与えてくれるのだ。

私淑とは、「誰かのファン」という状況をもう少し突き進めたかたちともいえる。たとえば野田秀樹さんのファンで、彼の演劇を見に行き、楽しんでいる観客は多い。このとき自分が演劇をやっているわけでもないのに彼に私淑して、学ぶ構えで見に行けば、得られるものは違ってくる。つくり手側のいろいろな苦労が見えてくるからだ。

私淑とは精神的に弟子入りすることと同じだから、私淑する人がつくり手なら、自分もつくり手側に入ってしまう。観客として楽しんでいる自分と、弟子として手伝いをしている自分という、二つの意識を持つようになるのだ。「今回の舞台もおもしろい」という意識と、「これは指導が大変だっただろう」といった意識を持つ。エンターテインメントとして楽しませてもらっている自分と、メイキングをしている自分と二つあるのが、私淑している状態なのだ。

違う領域の人なら嫉妬心も湧かず、競争心も起こらない。その分、私淑も気楽にできる。ある分野でがんばって成功している人に私淑すると、その人ががんばっているかぎり、自分の中の活力も湧き上がってくる。

私の場合、古今亭志ん生にも私淑しており、高座の録音テープをワンセット持っている。テープで「間」の取り方を学びつつ、本を通して生涯に触れている。私にかぎらず、志ん生にひそかに私淑している人は多いのではないだろうか。

長嶋茂雄さんにしても、たんなるファンでなく、私淑に近いかたちでいろいろなものを吸収しようとしている人は多い。だから引退した後も、彼の言動が注目を集めるのだ。野球選手としての彼のファンばかりなら、野球生活を終えた時点で誰も興味を持たなくなっていたはずである。

たとえば長嶋の場合、何年も解説者を務めながら、人の悪口をまったく言わない。それだけでも私淑に値しよう。対照的に広岡達朗さんや野村克也さんは辛辣な物言いが見事だ。

ここに私淑するという人がいてもいい。

私淑という言葉があまり使われない現代だけに、自覚すれば、自分にとって「この人こそ私淑すべき」という人が見つかるのではないだろうか。

チームプレーで加速力を倍加させる

気持ちのいい仲間と仕事をすることも、加速するうえで重要だ。「チーム感覚」や「仲間意識」を持ってプレーすることで、どんどん加速することができる。このときの意識には遊び感覚も混ざるので、加速も自然にできやすい。

チームといっても、二人いればパートナーシップを持てる。**一人では無理でも、二人ならヤル気が持続する**というケースは多い。

私の場合、もともとは勉強が好きではなかった。それ以前にじっとしているのが苦手で、机の前にずっと座っていることができなかった。そこで解決策として考えたのが、友だちと組んで、二人で問題を出しあうことだった。社会でも何でもすべての教科で、片方が問題を出し、片方が答えるというのを交互にやった。英単語や英文和訳も、一問ずつ答えを言いあう。これだけで、ほとんどの知識を身につけることができた。

キャッチボールというのはおもしろいもので、球が来たら相手に投げたくなる。投げたら、投げ返してもらいたくなる。**球のやりとり自体が楽しいのだ**。二人遊びの原型ではないだろうか。勉強でも、こちらが一文訳したら、相手がチェックする。今度は相手が一文訳し、こちらがチェックする。それを繰り返していたら、本一冊を三日で訳せたこともあった。しかもとても快適で、負担は非常に少なかった。

そんな経験があったため、子どもに本を読ませるときも、交代で読むことにした。私が一文を読み終えると、子どもに次の一文を読ませる。短い文章なら、これですぐに読み終わってしまう。

夏目漱石の『坊っちゃん』でも、三人で回し読みすれば、集中してどんどん読み進められる。一人一文だから、すぐに順番が回ってくる。自分が読み終えて、次の人に回し、さらに次の人に回ると、また自分の番になる。ウカウカしていられないだけでなく、ボールを回し合う楽しさが味わえ、気がつくと読み終わっているのだ。

野球でも、三振をとるとキャッチャーがボールをピッチャーに返さず、内野手に回すことがよくある。回された内野手は、また別の内野手に回す。回すことでリズムを整えているのだが、同時に回すこと自体を楽しんでいるのだ。

これは勉強や仕事でも応用できる。たとえば企画会議で、言葉を球のようにどんどん回す。仕事の参考になる本をみんなで回し読みする。回っている状態が楽しいから、一種のゲーム感覚が生まれて疲れない。しかもどんどん次に回したくなるから、回転が速くなる。

これが一人なら、集中力が続かずにすぐ淀んでしまう。たとえば三時間音読しようとすれば、大変な労力が必要だ。体力以上に、気力がもたない。これが黙読なら、ますます気が散る。一〇ページ読むあいだに、白昼夢に陥ってしまう人が大半である。気がつくと、まったく関係ない自分の世界に浸っていたりする。

回し読みなら、そうはならない。**他者の存在がある分、気が張っている**。たとえば自分が日直を務める日は、ふだん遅い人でも朝早く来るものだ。同じように自分の番が回ってくると思うと、「しっかり読まなくては」という気持ちになる。そんな仲間意識が意識を活性化させ、仕事であれ勉強であれ、集中する時間を持続させるのである。

キャッチフレーズをつくるだけで行動が変わる

上手なキャッチフレーズには、パワーがある。フレーズが完璧だったため、物事が上手くいったケースは枚挙にいとまがない。小泉前首相が唱えた「聖域なき構造改革」も、成功したかどうかはともかく、そうしたパワーを狙ったものだろう。出版界でも、上手いキーワードをタイトルや宣伝コピーに使い、成功した例は多い。

自分も仲間も加速するうえで、キャッチフレーズの力を使うのも手だ。**上手いキャッチフレーズは、大勢の意識を集めてキュッと縛るような、意識の結節点ともいえる働きをする。**

これを形にしたのが旗やマークだ。国旗はその典型で、国民の思いを形にしたのが国旗である。あるいは学校をつくれば校章や校歌をつくりたくなるし、校歌を歌うと盛り上がる。みんなで歌うことで情動が湧き上がり、一体感をもつことができる。自分たちの気持ちを表したマークや歌をつくるのも、仲間と加速するうえで有効だ。

受験生時代、「日々是決戦」などと書いた紙を机の前に貼り、気持ちを奮い立たせた人も多いだろう。これも言葉の力をうまく使ったケースだ。同じことを、会社のオフィスなどでやってみればいい。あるいは、気持ちを奮い立たせる言葉の書かれた日めくりカレンダーや週めくりカレンダーを貼るのもいい。その日が昨日と違う、新たな一日と自覚するだけでも加速を実感できる。

とくに自分たちで書いたものを貼るのは、効果が高い。書いて貼るという行為が、気持ちを整える儀式のような役割を果たしてくれる。あまり恰好のいいものではないが、その威力はバカにできないはずだ。

キャッチフレーズは、まず自分自身に対して断言する

キャッチフレーズの使い方が非常に上手かったのが、アメリカのケネディ大統領だ。彼が大統領選に立候補したとき、相手候補のニクソンはすでに十分な実績をもっていた。したがって当初、ケネディは相手にならないといわれていた。ところが短期間のうちに人気を獲得し、最終的に勝利したことは周知のとおりだ。

彼の人気をとくに高めたのが、テレビ討論だ。テレビ画面を通じて若々しさ、意志の強

さ、爽やかさ、正直さなどをアピールし、アメリカ史上、もっとも人気の高い大統領の一人になった。人々が彼を見るなかで、とくに魅力的に感じたのは、伸びていきそうな加速度だった。彼自身が加速度を体現していて、それを楽しんでいるように見えた。周りもその加速度に期待したのだ。

これは人が「元気な人」「勢いのある人」に集まってくる一つの典型的な例である。なかでも大切なのが言葉の切れのよさだ。ケネディが人気を博したのも、見た目のよさだけでなく、非常に率直な言葉を使ったことが大きい。大統領時代も官僚から原稿を渡されたとき、そのまま読むのをよしとしなかった。「もっと本当のことを教えてくれ」「これは、こんなことを言いたいのではないか」などと質問し、官僚的な作文ではない、自分自身の内側から出た言葉で語ろうとした。

このことは就任演説における有名な言葉、「国が諸君のために何ができるかを問い給うな。諸君が国のために何ができるかを問い給え」にも表れている。アメリカではこの言葉が誰のつくったものかという議論がずっと交わされてきた。その経緯を追った『ケネディ時代を変えた就任演説』（サーストン・クラーク著、土田宏訳、彩流社）によると、結局はケネディがつくったもののようだ。

人に向かって語る言葉に、自分自身の思いをすべて凝縮し、キャッチフレーズにまでしてしまう。そうすればその言葉は、加速力の礎になる。選挙やチームスポーツで、自分たちのスローガンやキャッチコピーをつくるのも同じことだ。スローガンやキャッチコピーが人の心を一つに集め、ぐっとそこから立ち上がっていく力を生み出すのだ。

チームスポーツや国を一つにまとめていく時期には、心を一つにまとめたほうがエネルギーが出る。その加速のために、スローガンやキャッチフレーズは必要なのだ。大統領就任演説もその一つで、これに失敗すると、力を一つに収斂《しゅうれん》しにくくなる。

ケネディの場合、演説の言葉一つひとつに、キャッチフレーズになるようなものが多かった。就任演説の冒頭で語った「今日、我々は政党の勝利でなく、自由の祭典を祝っているのであります」というのもそうだ。みんなの心を一つにするため、この国がどういう国であるかをキャッチフレーズによって示そうとしたのである。

うまくいっている会社も、トップの考えたキャッチフレーズが浸透しているケースが少なくない。その言葉が社員の心を集め、かつ、ものを考える一つの基準となり、その会社の加速度をつけているのだ。

ただこのとき、自分の中に迷いがあると、キャッチフレーズを加速に結びつけることはできない。そこで**文案が浮かんだら、まずは自分自身に対し、断言することを習慣化する**ことだ。「これもある、あれもある」「ああでもない、こうでもない」と考えるのでは、言葉に力は生まれない。

たとえ迷いがあっても、「自分はこうである」「自分はこうする」と断言する。**言葉で断言することで、自分自身の気持ちに区切りをつける。そうすれば言葉は力を運んでくれる。**全員をまとめ、加速へと向かわせることができるようになるのである。

「他者の存在」が加速力を高めていく

仕事の最中、モチベーションやヤル気がもっと出たらいいのに、と願う人は多いだろう。そこでポイントになるのが、誰のためにがんばるか、ということである。

もちろん、自分自身のためにがんばるというのも、至極当然な話である。しかし、それだけではエネルギーがほどほどにしか出ない。その挙げ句、辛い仕事が重なると、自分が何に満足するかを見失ってしまうことがある。ヤル気がなくなれば適当なところで満足してしまうし、自分はなぜこんな仕事をしているのかという疑問も湧きやすい。

むしろ、**他者を意識したほうがきっかけをつかみやすい**場合もある。たとえば桑田真澄さんは、巨人に入団したころ、母親に家を買ってあげたいという一心で投げつづけたという。おかげで「投げる不動産屋」などと揶揄《やゆ》された時期もあったが、その後の大活躍は周知のとおりである。

アニメの例で恐縮だが『宇宙戦艦ヤマト』の乗組員たちは、自分たちが地球を救うという使命感に燃えて宇宙へ旅立った。全人類の期待を背負うという重大な**ミッション**だったからこそ、きわめて高いモチベーションを維持したまま、得体の知れぬ困難に立ち向かうことができたのである。主題歌の中の「期待の人が俺たちならば」という歌詞で、自分のミッション感覚に火がつく人もいるだろう。

もっと単純に、「**守るものがある**」という意識も力になる。たとえば、人間は子どもができたほうがしっかりする、とよくいわれる。あるいは結婚して家庭を守るという意識が芽生える人もいる。それによって守りの気持ちに入るのではなく、守るために戦いを加速させるという意味だ。

同じような効果のあるものとして、「**恩返しの意識**」も挙げることができる。世話になった人に対して、いい思いをさせてあげたいとか、これからは自分が背負ってあげたいと思うことは誰にでもあるだろう。そういう意識があると、絶対に負けられないという気持ちが働く。多少の困難があっても踏ん張りがきくはずである。

いずれにしても、誰かのためにがんばる、という意識があったほうが、人間は力を出せるものなのだ。外部にきっかけがあるだけに、自分のヤル気だけに依存するより、途中で萎えてしまうことが少ないのである。

第4章 「集中」でその仕事はもっと加速できる

単純作業で「集中状態」に入る

コピー取りや袋詰めといった単調な仕事を嫌う人は多い。だがこれも、加速していくとけっこうおもしろい。「**ゾーン**」に入ることができるからだ。ゾーンに入るとは、意識が集中し、一種の瞑想状態に入ることを指す。複雑な仕事の場合は頭を使うのに忙しいため、こうはならないだろう。

瞑想状態に入ると、自分自身の行動は自動化してくるが、意識ははっきりとして、作業する自分を見つめている。単純作業の場合、とくに自然に手が動くようになるものだ。このとき、自然に最高の速度、最高の完成度を目指して作業を行うようになるのである。

これをきわめていくと、その世界におけるプロフェッショナルになる。これを私は「○○職人」と呼んでいる。袋詰めなら「袋詰め職人」になるわけだ。このときの頭の中は、細かい作業に集中する一方、非常にはっきり目覚めているはずである。まさに瞑想と同じ状態だ。

禅の世界では、箸の上げ下ろしをはじめ、日常生活の些細なことすべてに非常に細かい決まりを設けている。これは「あらゆることに対し、意識的であれ」という意味だ。**すべて意識的におこない、無意識に何かをしてはいけない**。ご飯を食べること一つとっても、かならず意識しておこなう。単純作業の中でそのように振る舞うことで、脳を瞑想に入りやすい状態にしているのだ。

単純作業はクリエイティブな仕事とは正反対のように見えるが、脳にとって非常によい状態であるともいえる。最初は面倒だと思っても、ゾーンに入ると今度は気持ちよくて止まらなくなるのである。

そもそも仕事とは、それが一般的にクリエイティブといわれているものであっても、ほとんどが単調なものだ。その一瞬一瞬に集中し、脳にストレスのない状態をつくることが大事だ。そんな冷静な心持ちで、いろいろな単純作業を組み合わせていくと、総体としてクリエイティブな仕事になるのである。

単純な仕事に耐えられない人は、クリエイティブな仕事もできない。トルストイは『戦争と平和』を書いたことについて、「こんな単調な仕事をして、人生を無駄にしてしまった」と嘆いている。たしかに、あれだけの大作を書くのは単調な作業ともいえる。だが、その積み重ねによってしか『戦争と平和』は生まれなかった。ほとんどのものは、そのようにできている。**単調さに負けそうになったとき、いかに瞑想状態をつくりだし、気持ちよく仕事をするかが大事なのだ。**

瞑想状態をつくるコツは、非常に微細な部分に心を集中させること。外から見ればまったく同じように見えても、内側に入って、その分野のプロになった自分からすれば微妙に違う。そういうツボに入り込んでしまえば、一見、単調な作業でも一つひとつがおもしろく感じられ、長時間やっても苦にならなくなる。それが瞑想している状態なのだ。

「一人分業体制」が作業を効率化する

仕事を加速させるコツの一つに、**作業の分業化**がある。あるテレビ番組で実験していたが、たとえば内職のアルバイトで、作業工程が「切る」「ビーズを集める」「ビーズを貼り付ける」「袋詰めする」の四段階あるとする。このとき一袋ずつ完成させていくやり方だと、一日に一〇袋から二〇袋ぐらいしかつくれない。

ところが分業化すれば、つくれる個数はまったく違う。一日目はとにかく切る作業だけを何百回とおこなう。二日目はビーズを集める作業だけ行う。三日目はビーズを貼り付ける作業だけおこない、四日目は袋詰めの作業だけおこなう。このように一日一工程しかやらないようにすると、一日の平均出来高は分業していない場合の数倍にも達した。

要は「一人分業体制」で、これも生産効率を上げるという意味で、加速の一種である。分業というと、ベルトコンベアーなどを使って他人と分担するイメージが強いが、自分一人でも可能なのだ。

「この作業は、今週中にやってしまう」とか「次の作業は、次の週にやる」など、一つのことに限って行えば、作業中の迷いが少なくなる。その結果、エネルギー漏れが少なくなる。それに、一つの作業に集中するため、そのなかで技術革新が起こりやすい。

たとえば「紙を切る」という作業だけを何百回も何千回も繰り返していると、どうすれば楽に切れるかが、しだいにわかるようになる。「紙の揃え方はこう」「力の入れ方はこう」「一度に切るのは何枚」などと、いろいろ実験することができる。これが一度に四工程、五工程やるとなると、実験している余裕がない。思考も分断されるから、一つひとつの工程で技術革新が起こりにくくなるわけだ。

ものごとには、効率化を図るための〝ギリギリいい線〟というものがある。紙を切る場合なら「五枚は少なすぎるが、二〇枚だと切れない。一二、三枚がいい」といった具合だ。何枚にすると一番エネルギー効率よく切れるか。その最高の数字を、実験の中から知ることができるのだ。

しかも、一度それが見つかれば、あとは考えなくていい。どんどん自動化できるから、速くて正確になる。あるいは、ほかの部分で合理化する方法を考えられる。自動化する行動が多くなればなるほど、余った頭のスペースをほかのことに使えるようになるのだ。クリエイティブなことに使うエネルギーにも余裕ができる。

作業をするときは、「自分はいま何を自動化させるために、この作業をやっているのか」をつねに意識する。それが、加速する余裕につながっていくのである。

「自動化」で次の行動を起こす余裕をもつ

およそ上達というものは、技術を習得するだけではなく、いかに自動化していくかにかかっている。**まずは意識してチャレンジし、それを身体感覚として覚えていく**ということだ。最初から何となくやってできるのなら、それはもともと大したことではない。それなりのレベルの仕事や技術というのは、意識しないと、なかなかできるようにならないものなのだ。

ただし、一度に五個も十個も意識するのは無理である。意識すべきことがたくさんあると、結局すべてがうまく行かなくなる。むしろ必要なのは**一点に絞った反復練習**だ。意識しなくても脳の別の部分が管理してくれるようになるまで、あるいは身体が自動的に動くようになるまで繰り返すのである。

これによって、何かが自動化できるようにセットされることを「技化《わざか》した」と私は呼んでいる。**ある行動が自動化されれば、脳に次の行動にチャレンジする余裕が生まれる。**

このことは、誰でも少なからず経験があるはずだ。たとえばウォーキングマシンの上をずっと歩いていると、降りた後もつい足が動いてしまう。これは足が〝自動運動化〟しているためだ。ウォーキングマシンの上を歩きながらでも、テレビを見ることはできる。これも足が無意識のうちに動いているからだ。

あるいは掛け算の九九にしても、たいていの人はパッと答えが浮かぶだろう。七の八倍は五十六などといちいち考えたりはしない。その延長線上で、計算式をパッと見ただけで「これはこの公式を使えばいい」「こういうふうに因数分解すればいい」と解法が無意識に浮かぶ人もいる。なぜ $a^2 - b^2 = (a+b)(a-b)$ になるのかなど、いまさら考えない。これも頭の良し悪しではなく、自動化しているからだ。同じことを何回も繰り返していれば、誰でもそうなるのである。

英単語にしても、**一度記憶が完全に定着してしまえば、簡単に消えることはない**。そういうクリティカル・ポイント（臨界点）のようなものに達するまで行うのが、反復練習の意義である。

逆にいえば、そこまでやらない限り、反復練習とはいえない。漫然と単語集を見ていても、時間を浪費するばかりである。いつまで経っても自動化はできない。

「一点集中」の凝《こ》り性《しょう》が加速を生む

子どもに絵本の読み聞かせを行うと、同じ本を読んでくれと何度も要求されることがある。それも五回や十回ではない。五十回、百回といった単位で、親の頭がおかしくなるほど読まされる。

大人は一回、二回読めば、だいたいわかったと満足する。ところが子どもは、完全に覚えるまで満足しない。あるいは自分の知っている話を、あらためて聞きたがる。自分の予測どおりに未来が現れるおもしろさを体験したいためだ。これは見方をかえれば、**その絵本と自分との一体化、無意識のうちに聞き流せる完全自動化、ないしは技化した状態**にするということだ。

どこに何が書かれ、次にどういうセリフが来るかもすべてわかっている。それでもまだ読んでもらおうとする。彼らが言葉を覚えていくのも、こういう反復練習があるためだ。同じ要領で子どもに対して英語学習を行えば、大人よりも早くスラスラ話せるようになるものである。

一方、大人の場合は、子どもほど意欲が長続きしない。そこで重要なのが「身につくこと自体が快感である」「加速することが快感である」と知ることである。たんに加速を目指すのではなく、その過程の感覚を大事にするわけだ。

生活の中で、雑多なものに均等に比重を置こうとすると、自分が何に加速しているかわからなくなるし、その快感を味わうこともできない。そこでまず、一つのことに集中してみることだ。

その対象は、仕事以外でもかまわない。「クラシック音楽に詳しくなりたい」でもいいし、「絵画に詳しくなりたい」でもいい。「モテたい」でもいい。何か思うものがあれば、そこにすべてを集中する。

たとえばクラシック音楽について知りたければ、まずインターネットでいろいろ検索したり、クラシック関係の本を読んでみればいい。そこで曲をチェックして、同じ曲で指揮者や演奏者の違うCDを買う。それを徹底的に聴き比べてみると、同じ曲でも指揮者や演奏者によって違うとわかってくる。その曲に関しては非常に詳しくなる。

このようなかたちで、金や時間やエネルギーを注ぎ込む。いわゆる「**凝る**」という状態だ。「凝り性」という言葉はあまり聞かなくなったが、一つのことに凝ってある部分を突破しておくと、そのときに得た知識や技、感覚といったものは、その後にかならず生きてくるものである。

音楽評論家の宇野功芳氏は『クラシックの名曲・名盤』（講談社現代新書）のなかで、ヴィヴァルディの「四季」について五種類のCDを紹介している。同じ曲で五枚も買うのはもったいないと思うかもしれないが、同じ曲をどういうふうに演奏するかを聴き分けることは非常に大事で、この五枚はけっして無駄な投資ではないと書いている。

私もまったく同感だ。**一時期に一点に集中する。徐々に膨らませるのではなく、一気にまとめてやりきる。**ある点まで到達すれば興味が他に移るかもしれないが、こうして一つのことに集中する体験が重要なのだ。

エネルギーを注ぐことが快感になる

一点集中が大事なのは、試験を受けるときも同様だ。本番までもう間がないときに、なお日常の延長で友だちに会ったりバイトをしたりなど、勉強以外で忙しくしている人は、当然のことながら失敗しやすい。

そのとき、たとえば試験が三か月後にあるなら、それまでの生活を変える必要がある。友だちと会わず、バイトも辞めれば、勉強に集中する時間は格段に増やすことができる。家から一歩も出なければ、一日十時間は簡単につくれるだろう。八時間寝て、二時間だけ別のことをするとしても、十四時間を勉強にあてられる。こういう生活こそ受験生活である。ここまで勉強に集中すれば、合格する可能性ははるかに高くなるはずだ。バイトを休んだ分だけ収入は減るかもしれないが、合格して将来的にいい職に就いたほうが、よほど大きなリターンを期待できる。

にもかかわらず、バイト優先の本末転倒な生活を続けている学生は意外に多い。これでは集中力が生まれないため、生活も伸びきったアメのようにダラダラになってしまう。本人にステップアップしたい気持ちはあるのに、いざというときに力を発揮できない。これは非常にもったいない話である。

こういうことを言うと、なかには「生活のためにバイトを辞められない」と反論する学生もいる。しかし、それが本当かどうかは疑わしい。とくに自宅で親と生活している学生なら、家に一日中いるぶんにはたいして金もかからないはずだ。

作家の村上春樹さんは、『ノルウェイの森』の執筆にあたり、隔絶された環境で集中するためにわざわざギリシアまで飛んだという。そして、ビートルズの『サージェント・ペパーズ・ロンリー・ハーツ・クラブ・バンド』だけを繰り返し聴いていたらしい。繰り返すことで脳をセッティングし、執筆モードをつくっていく。こうして一点だけに集中できる状態をつくることが、ステージアップしたいときには必要なのだ。

勉強や小説にかぎった話ではない。**作業を区切り、一つのことに集中するだけで、誰でも爆発的なエネルギーを発揮することができる。**金もエネルギーもすべてそこに注ぎ込めば、何をしていても意識がそこから離れず、入り込み方が非常に深くなる。それが加速になっていくのである。

その深みにはまると、**エネルギーを一つのことに傾注する感覚自体が快感**になってくる。もう一度、何かに集中してみたいという気持ちも生まれてくる。これは一種のリビドーである。リビドーはともすれば、子どもやペットなど愛する対象に過剰に向かいやすい。それらを失ったとき、たいへんな喪失感とともに精神に支障をきたすケースもある。

人間は、それほどエネルギーを注ぎ込む対象を求めているのだ。そういう無意識の欲望を使わない手はない。

「複線化」で時間が二倍に使える

そこで提案したいのは、生活を三か月なり何週間なりに区切って、**いろんな作業を複線的におこなってみる、**ということだ。

私は、〝ながら勉強〟をよくする。その他の多くのことも、〝ながら〟でやる。この〝ながら〟がつまり〝複線化〟なのだ。多くの作業をダラダラやるのではなく、自動化して同時並行的におこなっていくのである。たとえば読書をある時期に技化すれば、同時に他のこともできるようになるわけだ。

生活の中で、あらゆることが複線化できるようになれば、同じ時間が二倍に使えるようになる。たとえばテレビを見ている時間を減らす方法として、実際に見るのを止めるという方法がある。だがテレビを見ている時間に、もう一つ別のことをやるという手もある。文章を書いたり本を読むなど、生産的なことをしながらテレビもつけておく。これなら、テレビを見る時間を減らすことと変わらない。**一つの時間に二つのことを同時にできるようになれば、これも加速の一種**である。

ただし、最初から〝ながら〟をするのは難しい。まずは集中力を養うことが大事だ。たとえば「一か月で一万ページ読む」といった目標を立てる。一か月を三〇日として、一万ページを三〇日で割ると一日あたり三三三ページ、多いとはいえけっして無理な目標ではない。この程度の少し負荷の多い目標を立てる。それを続けることで、やがて〝ながら〟による複線化も可能になっていくのである。

「集中してする仕事」と「余熱でする仕事」を使い分ける

作業を加速させるには、集中している時間をどれだけ持続させるかがポイントになる。これは頭の良し悪しよりずっと重要だ。どんなに頭がよくても、集中時間の短い人は多くの仕事をこなせない。一方、**ある程度の集中状態を長時間保てることができれば、仕事はかなり進む**。

その集中時間を徐々に伸ばしていくことこそ、学校教育が行うべき本来の訓練である。たとえば小学生なら、最初は一分しか集中できない。それが訓練するにしたがい、『坊っちゃん』を三〇分音読しても疲れなくなる。学校は本来、そういう訓練を全教科を通じて行う場所なのである。

これによって集中時間が伸び、一日のうちで一時間なり二時間なり集中して作業ができるようになれば、あとはほとんど無理をしなくてもいい。たとえば私は手帳に、集中する二時間を赤で書き込むようにしている。二時間だけ頭をフル回転させれば、あとはその余熱でどうにかなる。

仕事の中には、余熱を利用すれば十分なものも多い。**ある仕事だけ最高温度で行い、残りの仕事は余熱で行う**。余熱まで利用すれば、頭を年中温めておくことも可能だ。仕事にメリハリをつけることで、起きている時間すべてを仕事にあてられる。

メリハリをつけるためには制限時間を設け、集中する時間を区切ったほうがいい。その時間を二時間ぐらい持てるようになれば、仕事は大いに加速化するのである。

「止まらない感覚」を習慣化する

ある作業をしているとき、集中力がとぎれず、疲れも感じないというような「**止まらない感覚**」を体験できたとすれば、その仕事は加速化している状態にあるといえる。たとえば、私があるテーマに沿って本を執筆しようと思ったとする。興味深いテーマだったとしても、そこに一冊の本になるほどの内容があるか否かは、まだ漠然としている。一方、「できる」という予感もある。

そんなとき私は、思いつく項目をすべて洗い出してしまう。この「洗い出し」とはおもしろい言葉で、文字どおり脳味噌を全部出して洗うような感覚だ。「絞り出し」といってもいい。こうしてテーマに関係する項目をいくつか書き出してみると、最初は疲れるものの、十個を超えたあたりから、今度は止まらなくなる。

「あれもそう」「これもそう」となり、これから寝ようというときも浮かんできて、起きてはノートにつけることを繰り返す。他の仕事をしているときも思いついて、メモしては仕事に戻るといったことを繰り返す。「止まらない。誰か止めてくれ」といった感じである。

これこそ「止まらない感覚」であり、加速している状態だ。このとき出てきた内容は、後でゆっくり考えるときより、ずっとバリエーションに富んでいる。それでいてかかる時間は、せいぜい一日か二日だ。

大事なのは時間の長さでなく、「止まらなくなる」という感覚の中で行うことなのだ。

逆に考える数を「一日一項目」などと決めてしまうと、おそらく考えるのが嫌になる。あるいは一日一項目も思いつくことができないだろう。

夏休みの宿題でこういうモードに入り込み、一日でどんどんやってしまって、自分でも止められない状態になった経験はないだろうか。そのように脳が働くのが、加速している状態だ。これはエネルギーの使い方としては、少ない時間でかなりの量をこなすことができるから効率がいい。

一度あることが気になったとき、徹底的にそのことだけを洗い出す。それを続けていると、「止まらない感覚」が身についてくる。やがて「考え出したら止まらない」ということを習慣化させることもできるようになる。意識的に加速状態に持ち込むことができるのだ。

とくにアイディアを出す必要に迫られたときには、**海の中で探知機を使うように、脳の中を探索する**といい。以前、海に潜ってウニ探しをしたとき、最初はなかなか見つからなかったが、慣れてくるとおもしろいように獲ることができた。ちょっとした横穴や陰から見てもウニだとわかるようになる。

だがそうなると、ウニばかりが目に入り、他はいっさい見えなくなる。もっと貴重なものがあるかもしれないのに、脳がひたすら「ウニを探す」ということだけに集中するようになっていた。

ところが獲ったウニを開けて食べてみると、全然おいしくない。仕方なく大半は海に返したが、次に海に潜ったとき、気がつくとまたウニを探していた。獲っても意味がないとわかっているのに、脳が「ウニを探す」というモードから抜けられなくなっていたのである。

アイディアも同じだ。最初は浮かばなくても、いろいろ考えてみるといい。やがて少しずつコツがつかめるようになり、いずれ「止めたくても止まらない」という状態に入っていく。誰の脳でも、そういう仕組みになっているのである。

「通る企画書」はスピードとディテールが違う

企画書を書くのが苦手という人は多い。いいアイディアが浮かばない、何を書いていいかわからない、書いてもみなボツになる、ということはよくある。そういうときは、「止まらない感覚」を利用してチャレンジすることをおすすめしたい。

また、「通る企画書」にするためには、タイトルや概要だけでなく、細かいところまで書くことだ。**具体的な内容まで書いてあると、「この企画はもう動き出している」という印象を読む者に与える。**そうなればしめたもので、実際に動くようにもなる。不十分なところは、動きながら加えたり修正していけばいい。

逆にいえば、タイトルだけだったり、二〜三個のアイディアが書いてあるだけでは、企画倒れになりやすいということだ。建築でいえば基礎や鉄骨まで建ててしまう、場合によっては畳まで持ってきている、といった勢いで書くのがポイントだ。

書き出す小項目は、一日で一気に書いたほうがいい。思いつきを文章化するぐらいの気持ちで、スピード感を大事にする。外で飲んでいるときに思いついたら、家に帰ったらその日のうちに書き上げる。そのときは気持ちが盛り上がっているから、いくらでも出てくる。「止めたくても止まらない」状態に入りやすいのだ。

一週間後では、もう遅い。「鉄は熱いうちに打て」というが、アイディアも同じだ。熱いうちに企画にすることが大事なのである。

がんばれない「停滞期」には自己点検をすればいい

「加速化することが大事」といっても、なかには加速することを「面倒」と考える人もいる。あるいは「加速」という感覚自体がわからない人や、「がんばる」という気持ちが、そもそも湧いてこない人もいる。

その感覚は、わからなくもない。私にも「がんばる」という気持ちがまったく湧かない時間帯や時期がある。また以前は何年間もがんばる気になれず、淀んだ時期を過ごした経験もある。

そんなときは無理しないでいい。「ここでがんばらなくては」と焦ってしまうと、気持ちの乱れを生み、自己否定に向かいかねない。がんばるべきだと思っているのに、がんばれない。「そんな自分は嫌いだ」となってしまう。**自分を嫌いになるのは、加速度感覚には最悪である**。自己否定の回路にはまると、加速はあり得ない。これだけは避けたいところだ。

では、どうするか。それには、**がんばらなくても加速できる**ということを知ることだ。

がんばる気力のない人は、最初は無理しなくていい。ただし**現状を的確に認識する。それによって、人は自然に加速していくのである。**

たとえばダイエットでまず言われるのも、「毎日体重計に乗れ」ということだ。自分の体重を知ることから、ダイエットは始まる。さらにいえば毎朝体重を測り、数字を知り合いにメールで送る。それが無理なら記録をつけるだけでもいい。これを続けるだけで、大変な効果がある。

あるいはカロリー計算だけで減量した人もいる。食べるものを減らすことは、いっさい考えない。好きなものを食べて生きていたいが、健康でもありたい。その矛盾を解決するため、カロリー表示されているものだけを食べることにした。最近はメニューにカロリー表示をしている店は少なくない。それをもとに計算し、記録ノートをつける。それだけで体重が激減したのである。

カロリーを見ることで、それなりに低カロリーのメニューを選ぶようになったこともあるだろう。だがそれ以上に大きかったのは、カロリーを意識する習慣ができたことだ。「自分がいま食べているものは何カロリーか」という現状認識ができるようになった。そして低カロリーのものを食べると体重が減り、高カロリーのものを食べると体重が増えることがわかった。カロリーの記録づけが、体重という結果で戻ってきた。その結果、自然にカロリーの低い食品を選ぶようになり、体重も減るようになったのである。

「結果のフィードバック」で感覚を技化《わざか》する

以上のように**行動と結果が循環**すれば、「結果を出すためにがんばろう」という気持ちにもなる。この循環を「**フィードバック回路**」と呼ぶ。

たとえばゴルフは完全なフィードバック競技である。一打一打の行為と結果の関係がクリアだ。対人競技と違って、打った結果が一対一対応ですぐにフィードバックされる。だから、ボールの飛んだ位置がわからないと上達は難しい。夜の海で打ちつづけても意味がないのだ。自分が打ったことによって、どういう結果が生まれたのかフィードバックされないからだ。たとえ「いいショットを打った」という感触があっても、結果がわからないと本当によかったかどうかわからない。いまの打ち方を変えるべきか、続けるべきか判断もできない。

一方、練習場で打てば軌道が見える。右に飛んだか左に飛んだかわかり、結果としてフィードバックされる。上達への道筋もつかめるわけだ。

さらに効果的なのは、たとえば三〇ヤード程度の距離を打つ練習を徹底的に行うことだ。三〇ヤードの位置に板を立てておき、そこに向かって打ちつづける。どう打てば三〇ヤードの距離になるか、結果がすぐフィードバックされる。これを一〇〇〇球ぐらい打てば感覚がつかめ、技となって身についてくるだろう。同じことを四〇ヤードで行えば、その距離感もつかめるはずだ。

私は、ずっと以前から上達に関する理論を追求してきた。そこでわかったのは、感覚を技化することの重要性だ。打った球がたまたま三〇ヤードだったり、二〇ヤードだったりするという状態では、まだ感覚が技化されたとはいえない。

本来なら、三〇ヤードのつもりで打った後、ボールの行方を追って一球一球、正確な距離を確認しなければならない。そのうえで、打ち方の良し悪しを判断する。それをしないということは、ひたすら打っているだけにすぎない。たとえたまたま三〇ヤードを打てたとしても、距離を微調整する修正機能を身につけないかぎり上達しない。

さらにひどい人は、自分の中の打つ感覚にいっさい耳を澄まさない。「いま、どうでしたか」と聞かれても身体の中に何も残ってないから、答えられない。これでは修正のしようがない。

修正するためには、**内側から自分の感覚を捉え、結果を情報として戻す**ことが必要である。それによって「こうすれば、こういう結果になる」という感覚がつかめてくる。それを技化するために、フィードバック回路が必要なのである。

練習・訓練は「実験のチャンス」だと考える

ゴルフの場合、つかむべき感覚が数字で表されるから、フィードバックは比較的簡単である。だが、なかにはフィードバック回路をつくりにくいものもある。相手のいる競技は、ほとんどがそれだ。

たとえば柔道の場合、相手が強いか弱いか、調子がいいか悪いかで違ってくる。自分のやっていることが正しいか、相手との関係で動きがズレてくる。同じことをやっても結果が違うわけで、これだと感覚の技化がしにくい。

以前、柔道家の吉田秀彦さんにこの点を質問したところ、「打ち込み練習」がきわめて重要だと答えた。たとえば背負い投げの練習なら、技がかかるまでのプロセスを何度も繰り返す。相手はただ立っているだけだから、条件は変わらない。相手の反応を見ることで、グッと力を入れたときのスピードが速かったか遅かったか、ある程度わかる。

それを繰り返すことで、自分の中のちょっとした動きの変化が、どれぐらい結果の違いとなって出てくるかがわかる。相手の条件を固定することで、変えたことによる変化を一対一対応で見ようというわけだ。

練習とは、一種の実験である。実験では条件をある程度、固定させることが大事だ。**何を変えたら、どんな変化が起きたかを探る。**それをせず、ただ自分の動きにしか意識が向かないと、「昨日は調子よかったけど、今日は調子悪いな」と調子の問題だけで終わってしまうのだ。

これは柔道やスポーツ競技にかぎらない。どんな事柄であれ、あらゆる条件を変化させてしまう人は、自分の調子がいいときも、その理由がわからない。だから技化し、上達の普遍的法則に乗ることができないのだ。

記録づけが「やりたい」気持ちを引き出す

ではフィードバック回路をつくるにはどうすればいいか。

まずは**記録をノートにつけ、現状を認識する**ことだ。今日の行動や発言を記録する。あるいは一日に読んだ本やページ数を記録し、一週間で何冊あるいは何ページ読んだかを書き留める。

私の小学校時代、これをクラス全員で実践したことがあった。各自、棒グラフをつくり、その日読んだページ数だけ色を塗り足していく。すると不思議なことに、全員の読む量がどんどん加速していった。

これは毎日行うことで読む技術が上がることもあるが、それ以上に棒グラフにより視覚化したことが大きい。棒グラフというのは、見ているとどんどん伸ばしたくなるのだ。

最近の教育現場からは、棒グラフが姿を消している。競争心を煽ってはいけない、というのが理由だ。だが当時はまったく逆で、あらゆることを棒グラフで示していた。棒グラフを使って子どものがんばる気持ちを引き出すことが「よいこと」と、何の疑いもなく信じられていたのである。

幕末の蘭学者・緒方洪庵が開いた適塾にしても、成績によって席次を決めていた。その塾に何年いたかではない。テキストをちゃんと読めたか読めないか、解読の技術があったかどうかで席次が変わったのである。試験はひんぱんに行われ、試験前は誰もが必死で勉強した。そして終わったら遊びに出る。加速して試験、また加速して試験の繰り返しだったのだ。

席次や棒グラフは、きわめて客観的な指標である。それらを使って自分の立ち位置を知るだけで、どんどんヤル気が生まれる。いまの自分がどの位置にいるかを記録し、把握するだけで加速していく。これが人間に与えられた本性なのだ。

人間はサボりやすい性質をもっているように思われがちだが、じつは「やりたい」という気持ちももっている。子どもはとくに顕著で、「みんなでスクワットを毎日二〇回やろう」などと言うと、しだいに数が増えてくる。「今日は二五回」「もうちょっとやろう」という子どもがかならず出てくるのだ。

数を数えずにスクワットを毎日やろうといっても、こうはならない。「疲れたら終わり」というやり方でも、回数は増えない。数を数えることが「やりたい」という気持ちを引き出すのだ。

サッカーのリフティングも同じだ。数を数えなければすぐに飽きてしまうが、「今日は五回」「今日は六回」と数えていくと、「もっと増やしたい」という欲求が生まれてくる。

記録をつけるという行為が、人の中にある意欲を必然的に引き出すのである。

第5章 「逆境」こそ加速力の最大のエネルギー源

マイナスの感情が加速力を殺す

加速度を増していく過程において、**最大の障害は不安やおびえ**である。「この道でいいのか」「この先にどんな災厄があるのか」と悩むことは、膨大な量のエネルギーの消耗になる。結果として、成功も遠のくことになる。

逆にいえば、いっさい迷いがない人なら、同じエネルギーでも圧倒的に仕事量が増えることになる。そういう人は成功しやすい。実際、およそ成功したといわれている人の話を聞いてみると、たいてい自信に満ちている。それも、意外と根拠は希薄だったりする。これはたんに、性格的な問題かもしれない。こういう性格の人は、エネルギーの浪費が少ない分だけラッキーである。

つまり何かを始めるとき、**できると確信を持って臨むのと、できるか否か不安を抱いて臨むのとでは、結果がまるで違ってくる**ということだ。前者は妄信かもしれないが、うまく行くケースが多い。後者は活力の器に小さな穴があいているようなもので、そこからエネルギーが漏れ続けてしまうのである。

とりわけリーダーと呼ばれる立場の人間にとって、この差は重要だ。リーダーの資質とは、突き詰めれば「なんとしてでもやる」という覚悟を見せることだけだ。細かいプラン等はメンバーが考えればいい。絶対に成功する、やり遂げるまでは終わらせないという自信と決意の発露がプロジェクトを引っ張っていく。その覚悟がなければ、プロジェクトは成功しないのである。

もちろん、何をするにしても、途中でトラブルは多々発生するものだ。そういうときにも、冷静に現状を把握することによって、漠然とした不安を消していくことは可能だ。まずリーダーが動揺しないことが、トラブル脱出の第一歩である。

ストレスを楽しむ「ゲーム感覚」を応用する

誰でも、仕事上のトラブルはできれば避けたいと思っているだろう。しかし、それを機会に加速することもできる。ただし、忍耐強いとかプレッシャーに打ち勝つといった精神論ではない。キーワードは「**ゲーム感覚**」だ。

昨今は大人も子どもも巻き込んで、ゲームが大流行している。なぜそれほど夢中になるかといえば、人をそそるような課題設定がされているからだ。ある課題を与え、それを乗り越えさせる。それがゲームの基本であり、醍醐味である。

プレーヤーは**課題に直面すると、適度のストレスを感じ、脳からは不快物質が出る。だから、その解決に向けて真剣に取り組みたくなるし、解決すれば快楽に変わる。**するとまた課題が現れ、快楽を求めて解決したくなる。つまり、不快物質を快楽物質ドーパミンでかき消すという作業の繰り返しなのである。

ここでのポイントは、課題と快楽がワンセットになっているということだ。当たり前の話だが、仮に課題のないゲームをつくっても、これは退屈なだけである。ただいい音楽を聞かせたり、きれいな映像を見せたりするだけでは、ドーパミンの出る領域はかぎられてしまう。これではゲームにならないだろう。

だからゲームクリエイターは、ドーパミンを出せるような設定に工夫を凝らしているのだ。あの手この手でプレッシャーを与え、脳を慌てさせ、活性化するように仕組んだうえで、解決のための糸口を残す。それを手繰って解決したときに、初めて快感を覚えることができるのである。

これは、最近のゲームに限った話ではない。私たちの子ども時代の遊びでも、「何々してはいけない」という部分がかならずあった。「ダルマさんがころんだ」と言ったら動いてはいけない、誰かが空き缶を蹴るまで逃げられない、鬼は一〇まで数えないといけない、といった具合である。

こうした細かいルールを決めるということは、ある意味でストレスを与えるということである。それがあるからこそ、意識が活性化するのだ。

翻って、こうした遊びの精神の根本にある**ストレスを楽しむ**という発想は、仕事上のトラブルにも応用できる。こういうメンタリティーを習慣化すれば、その人はきわめて強い精神力を手に入れることができるだろう。じつは、**トラブルをエサにして伸びていくとい**

うパターンは、成功する人が共通して持っている特性でもある。

トラブルのない仕事では加速力はつかない

たとえば仕事で何か問題が起きたとき、新たなアイディアを出さなければ切り抜けられないとなれば、何としてでもひねり出すはずだ。そのとき、冷静に状況を判断でき、ポジティブな気持ちを持っていたら、それはトラブルというよりゲームになる。いかにいいアイディアを出して、乗り切るか。ましてチームで動いているのなら、アイディアの出し合いになる。その結果として、トラブル前より状況が改善していれば、全員クリアというわけである。

何かアイディアを出すということは、あらゆる仕事の中でももっとも楽しいはずだ。プレッシャーがある分、当然、頭はフル回転させることになる。採用されれば嬉しいし、不採用なら悔しい。これらすべての流れは、きわめて刺激的である。まさに加速を要求されることになる。だから、トラブルは加速のエサなのだ。

逆に、トラブルがまったくない仕事というものを想定してみれば、もっとわかりやすい。

要するに先に立てた計画どおりに進むわけだから、仕事としてはきわめて順調ということである。これも大事なことではあるが、予想外のアイディアというものが出てくる余地もない。したがって、とくに加速することもない。予定したとおりのものが出来上がるだけだ。

平たくいえば、これではおもしろみがない。仕事自体が加速しているとき、とくに新しいことにチャレンジするときには、トラブルが発生する確率は高くなる。そこでいろいろとアイディアを出して対処していくとなると、必然的に加速度は大きくなるし、結果的にオリジナリティの高いものができるだろう。

もちろん、トラブルが起きる瞬間は誰でも嫌である。できればすべて順調に進んでほしいと思うものだ。しかし、**乗り越えるためのアイディアが出た瞬間から、むしろトラブルが起きてよかった、と思える**のではないだろうか。その繰り返しによって加速を重ねていくことは、ある意味で仕事の理想型である。

「不安」があなたの「課題」を教えてくれる

以前、オリンピック柔道男子六〇キロ級で三連覇をなし遂げた野村忠宏さんに、お話を伺う機会を得たことがある。野村さんといえば、以前はよくテレビのインタビュー等で「自分より強いヤツはいない」と豪語していた。実際に三連覇しているわけだから、まさに〝天下無敵の自己肯定人間〟というのが、会う前の私の印象だった。

しかし、実際にお会いして驚いた。「試合前はどうなんですか」と聞いたところ、ものすごく細かいことを考えるという。自分が不利になる状況ないしは負ける可能性まで、すべてチェックする。本人によれば、「自分は神経質なほうだと思う」とのことだった。

そのかわり、いざ試合が始まれば、いいイメージしか持たない。自分の型にもっていけば、相手は絶対に防ぐことができない、防げるヤツは世界に一人もいないという確信のもとに試合を運ぶのだという。

一見、よくぞここまで切り換えができるものだと感心するが、これはきちんと筋が通っている。**試合前、徹底的に神経質に考えて、まず頭の中でディフェンスを完璧にする。**飛行前の戦闘機が最終チェックをするようなものである。この段階で懸念材料が消えれば、たしかに試合でもポジティブに戦えるはずである。

そもそも「不安」とは、対象の正体がはっきりしないときの感情である。そして漠然としているからこそ、人を弱気にさせ、押しつぶすパワーがある。ならば、不安の正体を暴いてしまえばよい。具体的に事実として気になっていることは、もはや「不安」とは呼ばない。

たとえば、心情を箇条書きにしてみるとか、悩みを人に話してみるだけでも、ずいぶん正体が見えてくるはずだ。そうすると、「あ、この程度か」と気づくこともある。あるいは気分的にずいぶん楽になったりもする。

人の心というものは、問題がクリアになった時点で、ノープロブレムになっていることが多いものだ。現実的に何ら問題は解決していなくても、それに対してポジティブな気持ちで取り組めるようになる。そうなれば、もう「問題」ではない。チャンレンジすべき「課題」である。

イチローが打率ではなく、ヒット数を気にする理由

私は基本的に、プロスポーツの世界が好きである。なぜなら、勝とうが負けようが、次々と試合があるからだ。選手にとってみれば、たとえひどい負け方をしても、いちいち

落ち込んでなどいられない。そのドライなところが心地よいのである。

たとえばプロ野球の投手でも、ときにはメッタ打ちに遭うことがある。これほど打たれるのは力量が足りないのではないかという気さえするが、次の試合ではビシッと抑えたりする。不思議な話だが、ちょっとした修正でよくなるのである。それだけ微妙なバランスの上に立っているということだ。

あのイチローさんでも、まったく打てない時期がたまにある。それでも、気にする風はない。昨日は昨日、今日は今日で切り換えているのだ。よほどメンタリティーがタフでなければ、この世界では務まらない。**悪いイメージを引きずる人は沈んでいくし、かといって反省しない人も沈んでいく**。基本的にはすべて水に流しつつ、ポイントだけ修正するというスタンスが肝心なのだ。

スポーツ以外についても、こういう考え方は重要だ。「それはそれ、これはこれ」と、ある意味で忘れ上手になったほうが加速しやすい。いろいろ考え込んでしまうと、次に進めなくなるだけだ。

主観的感情としてはネガティブなものを残さない。しかし客観的にはミスのポイントを理解している。つまり感情面と認識面をはっきり分けて対処するということだ。それによって、いちいち一喜一憂しないという心がまえになっていくのである。

イチローさんは打率よりヒットの本数を目標に掲げる稀有な打者である。打率を気にすると必然的に数字が上下するため、一喜一憂することが増えてくる。そこで彼は、**増える一方の本数で勝負する**という意識を開発したのである。

イチロー以前に、ヒットの本数を気にする選手はあまりいなかった。ホームランは別として、たいてい打率が打者の良し悪しをはかるバロメーターだった。イチローはそこを切り換えたことで、積極性を出すことに成功したのである。

打率を目標にしていると、ときとして消極的になる可能性がある。バットを振らずにフォアボールを選んだほうがいいという判断も働く。しかし本数が目標なら、とりあえず振らなければならない。だから積極的にならざるを得ないわけだ。その意味で、これは革命的な発想の転換である。

「負い目意識」をバネにして加速する

忘れるといえば、ときどき人の恩を忘れる人がいる。だが、それによって**負い目を感じ**

ることが、加速の力になることもある。

さんざん世話になった人から離れる際には、自分だけのものをつくって自立しなければならない。そんな意識があれば、加速の原動力になるだろう。外からは若干の忘恩のイメージで捉えられるかもしれないが、その負い目は自立・独立のエネルギーになるのだ。

何かに対して負い目があるということは、かならずしも悪いことではない。とくに人と別れるときには、いろいろ揉めたりすることも少なからずある。感情的なもつれに発展することもある。だが、そこでネガティブになっていても仕方がない。かといってまったく忘れてしまうのももったいない。**ある程度の負い目を意識しつつ、むしろバネにする**ことを考えたほうがいい。

たとえば会社を辞めてライバル会社に転職するとか、独立するとか、あるいは学生なら部活動を途中で辞めたりすると、上司や仲間から「裏切り者」とか「根性なし」などと言われるかもしれない。しかしその分だけ、新しい場所でがんばるとか、勉強して試験に合格するといった目標が明確になる。まさに背水の陣で、もう後戻りはできないという立場に置かれれば、誰でも少なからず力を集中させる。それは、間違いなく加速するきっかけになるはずだ。

「不遇の時代」こそ手を抜くな

ある程度加速して一時的に盛り上がっても、それが長続きすることは少ない。たいていは波が去ってしまうものだ。まして盛り上がりが大きければ大きいほど、その後のギャップは激しい。問題は、そのときにどう過ごすかである。

たとえば劇作家の鴻上尚史さんは、「週刊SPA!」（二〇〇七年三月二七日号）の連載エッセイのなかで、南こうせつさんの話を紹介している。

『神田川』の大ヒットの後、ソロになったこうせつさんのコンサートの客は、毎年、どんどん減っていったという。一〇〇〇人収容の会場に五〇〇人しか入らず、それでも最初はがんばっていたが、翌年には三〇〇人、さらにその翌年には一〇〇人というありさまだった。その当時の心境を、こうせつさんは「指を包丁で切断されるぐらい、痛いことだった」と述べている。

なにくそと思って歌っていると、落ちていく人間のイライラ感が客にまで伝わってしまう。「貧すれば鈍す」と言われるとおり、それでは余計に雰囲気が暗くなってしまう。まさに悪循環にはまっていたようだ。

しかしあるときから、**「一〇〇人しかいない」ではなく「一〇〇人もいてくれる」**と思うようになったらしい。そうすると、客も少しずつ戻ってくるようになったという。このエピソードは、落ち目になったときにどう対処すべきか、その際の大切な心のあり方を教えてくれている。

同じような経験を、美輪明宏さんも『紫の履歴書』（水書坊）で述べている。

三輪さんは、「メケメケ」や「ヨイトマケの唄」で一世を風靡した時期があったが、その後、売れなくなった。九州の炭坑に公演に行ったところ、ステージに穴があいているようなひどいところだったという。

「なんでこんなところで歌うことになったのか」とも思ったが、客席を見ると、手を真っ黒にした炭坑の人たちが駆けつけていた。彼らがなけなしのお金をはたいて一生懸命聴いてくれていると思うと、「この人たちの前では手を抜けない」と考え直したそうである。

その経験があるから、そのとき以降、ステージで手を抜いたことは一度もないという。

三輪さんは、このときの経験を、自身の中でいわば〝原体験化〟している。あの炭坑の人たちの顔を忘れない、という思いが強いから、どんな時期があっても耐えてきた。そして、そんな日々を繰り返すうちに、手を抜かないことが自動化した。どんなときでも限界まで歌うのである。では日々疲れているかといえば、そのようなことはない。いまでも元気そのものである。

たとえ波が去って落ち目になっても、そういう状況での人との出会いや、そのときどきの考え方によって救われることがある。それを原体験化することで、自分をしっかり保っていけるのではないだろうか。

リストラや左遷をはじめとして、誰でもさまざまなかたちで不遇になる可能性はある。しかし、たとえ状況がどんなに悪かったとしても、とりあえず目の前の人に対して何ができるのかを考えることで、浮上のきっかけがつかめるかもしれない。

孔子の言葉はなぜ現代まで語り継がれたか

同じく、目の前の人とのコミュニケーションにより、結果的に歴史にその名を刻むことになったのが孔子だ。

もともと孔子は、国家全体に影響力を及ぼすような大人物になりたいと願っていた。しかし、現実にはそういうポジションには至らず、彼の社会改革は頓挫した。そこで新たな活躍の場を求めて旅に出るが、彼を高く評価し、受け入れようとする国・為政者はなかった。その後は、失意を抱えつつ弟子たちと旅をする生涯を送った。

周知のとおり、孔子はいまの時代にまで影響を与える言葉を数多く残している。しかしそれは、もともと孔子が弟子に向かって語りかけた言葉の集積だ。彼は視点を常に遠くに据えながらも、弟子の質問には一個一個丁寧に答えていた。目の前の弟子が質問することに対し、一生懸命に答える。それを弟子たちが記録に残した。それが、今日の世まで伝わってきたのである。

古今東西の長い歴史の中で、未来永劫にわたって残るものを書こうとした野心家は、おそらく無数にいるだろう。だがその多くは、名を残すことなく消えている。一方で、**目の前の一人の人間に対して全力を尽くした孔子の言葉は残された**のである。

たとえば孔子は、弟子の子貢に「人生で一番大切なことを一文字で表すと？」と問われ、しばらく考えた後に「恕《じょ》だ」と答えたという。「恕」とは、他人の立場や心情を察する思いやりを意味する。一般人の頭では、なかなかこうは決められないだろう。「仁」も「礼」も大切には違いないし、まして漢字文化の国だから、選択肢は星の数ほどあるはずだ。

そのなかで、孔子は子貢に対して「恕」を選んだ。他の弟子に尋ねられたら、別の文字を提示したかもしれない。いずれにせよ、こういう難しい質問に対し、誠実に意識を凝縮させて答えたわけだ。

社会的に認められていない時期に、孔子はずっとこれを繰り返していたのである。もちろん、未来永劫にわたって残そうなどとは考えていなかっただろう。たとえ不遇であろうとも、目の前にいる人に対して手を抜かないこと。この孔子の教えは、なかなか示唆に富んでいる。

スランプは「微分」の見方で乗り越える

誰でも、スランプ状態に陥ることは少なからずある。そういうときは、本当に何もかもがダメに思えてくるものだ。そうするとますますダメになり、もがいていろいろなところに手を出し、結局いままで持っていたものさえ失っていく。こういう悪循環に陥る人もいるだろう。

そこから逃れるために有効なのが、「**微分**」の考えを持ち込んでみることだ。「微分」といわれても、あまりピンと来る人は多くないかもしれない。高校では一応触れているはずだが、ふだんの生活で使うことはまったくない。ただ、せっかく触れたのだから、そのものの考え方ぐらいは有効に活かしてもいいだろう。

畑村洋太郎さんの著書『直観でわかる数学』（岩波書店）によれば、微分方程式を立てるとは「部分から全体をつくり出そうとすること」なのだという。

ここでいう「部分」とは微分係数のことを指す。そして「全体」とは関数「y＝f(x)」のことだ。微分係数を見て、y＝f(x)を知ること。「微分方程式で知っておくべきことはこれに尽きる」と述べている。

「言いかえれば、微分方程式とは、私たちを取り巻く自然や社会の中で起こるさまざまな現象・出来事のごく一部分のわずかな変化に着目し、その微小な変化をもとに現象・出来事の全体像を組み立てる道具なのである」（同）

もちろん、実際に微分方程式を使って人生を乗り切ろうというわけではない。ただ、人生の浮き沈みは、関数グラフのように波打つ曲線で表すことができる。波瀾万丈とまではいかなくても、誰でも上がり下がりはあるはずだ。

では、その浮沈にどう対処するか。まずポイントは、状況を数値では見ないということだ。グラフの頂点だろうが底辺だろうが、そのポジションで判断するのではない。そのグラフを細かく切り取り、**どこの時点でプラスないしマイナスの「変化」が起きたのかを把握する**ほうが重要だ。

この考え方をスランプ状態の時期に当てはめてみると、かならずしもすべてがダメというわけではないことに気づく。**泥沼には泥沼の中の浮き沈みがある。**複数の微小な部分だけを取り出してみると、昨日よりはマシとか、一週間前より改善しているといったことが少なからずあるだろう。そういうものに気づけば、気分的に浮上のきっかけをつかむことができるわけだ。

あるいは状態がどん底のとき、そのまま我慢していると、落ちるところまで落ちるかもしれない。しかし**細かい点に注意すれば、その中でもふと上向くような変化を見つけられるものだ。**全体の状況を見るのではなく、細かな変化率に注意を払う。それが「微分」的な発想である。変化の傾向を見る習慣のある人のほうが、体勢を立て直すのが早いだろう。

逆に絶好調のときについても、同じことがいえる。全体だけを見て油断していると、次の瞬間には真っ逆さまに転落していくという事態もあり得る。微小な部分に注目していれば、そうなる前に変化の兆しをつかめるかもしれない。

たとえば扱っている商品の売り上げが大きく伸びていたとしても、それで浮かれていると、伸びが止まったときに慌てふためくことになる。そうではなく、伸び率の微妙な鈍化を先に捉えていれば、その後の対処も早くなるだろう。

ネガティブ情報はシャットアウトせよ

生きているかぎり、ネガティブな情報が耳に入ってくることは少なからずある。進めているプロジェクトに対する批判もあるし、あるいは自分に対する誹謗中傷や悪口を聞いてしまうこともある。

これらもポジティブな解釈に転換できればいいが、誰もがそういうエネルギーに満ちているとはかぎらない。それに一過性のものなら聞き流すこともできるが、何度も聞かされれば萎えてくる。どんなに強い人間でも、挫けそうになるし、不愉快な思いをするし、ヤル気も失われる。加速どころかブレーキにしかならない。できれば、こういう情報には触れたくないものである。

そこで第一の対処法は、やはりできるだけ遮断することだ。これは、加速していくうえでもっとも重要な技術の一つである。**多くのマイナス情報は有害である。** ひがみや妬みである場合もあるし、あるいはたんなるイジメ、嫌がらせだったりもする。

しかも最近は、ネット社会によって悪口が猛烈な勢いで増大している。最近の中学や高校では、新学期が始まって二週間ほど経つと、もうイジメが起きる。これほど早いのは、多くがネット上で〝情報〟を交換するためだ。昔なら、たとえイジメがあったとしても、もっとゆるやかで時間がかかっていたものである。

あるいは、いわゆるブログの「炎上」も茶飯事だ。皆で悪口を書いて閉鎖に追い込むというのは、悪質なイジメ以外の何ものでもない。自分の日記に他人の悪口を書くならまだしも、不特定多数が見るネット上で個人攻撃をするのは問題だ。まして書き込まれた本人にしてみれば、不愉快な気持ちになるのは当たり前である。ならば、最初からシャットアウトしてしまったほうがいい。

かくいう私の場合も、ネット上で悪口や批判を書かれる確率は一般の人より高い。だから、そういうものは絶対に開かないようにしている。あるいは第三者が「ちょっと最近聞いたんですけど」と私に関する噂話を切り出そうものなら、その前に言葉を遮る。その話はポジティブかネガティブか、プラスかマイナスかをまず確認し、後者なら聞く耳を持たない。**不愉快な思いをしてエネルギーを削がれるだけで、何らメリットはない**からだ。こういう話は、ほんの薬味程度でいい。

もちろん、自分を褒めてくれる人の話だけを聞けばいいということではない。論理的・客観的な批判や指摘なら、むしろ聞かなければならない。しかし、感情的かつ誹謗中傷を目的としたような話は必要ないのである。

ちなみに、この点において尊敬すべきなのが松田聖子さんである。以前、彼女を特集して話題になった「ＮＨＫスペシャル」によると、彼女を取り上げた週刊誌記事の量は、他のタレントより群を抜いて多いらしい。しかも、その大半は誹謗中傷の類だという。さんざん叩かれつづけてきたわけだ。

しかし周知のとおり、彼女は加速する姿勢をずっと崩さなかった。悪意のネガティブ情報には心を惑わされず、自分のやりたい事にエネルギーを注いだ。その結果、いまでは世の中がかえって彼女を再評価するようになっている。かつては男性ファンが多かったが、いまは女性ファンが多いという。叩かれても負けない生き方というものに、多くの女性が共感し魅力を感じているのだろう。まさに現代の加速力女王である。

ネガティブ情報も予測すれば痛くない

ネガティブな情報に対処する方法は、他にもある。

一つは、**情報が飛び交う場所とは別の空間を持つ**ことだ。ふつうの人の場合には、それが自宅であり、家庭ということになる。どんなに仕事がダメでも、誹謗中傷に晒されても、別空間があればなんとかなる。一人冷静に分析してもいいし、すっかり忘れてポジティブな気分を整える場にしてもいい。

もう一つの方法は、予測するということだ。ネット上の情報や第三者の話なら、見聞きせずに遮断することができる。しかし、たとえば会社の上司や同僚など、身近にいてネガティブ情報を発信する輩も少なくない。とくに上司の場合には、「言うな」とも言えないだろう。これは残念ながら、遮断できない。

そこで、**言われることを事前に見越して備える**のである。ボクシングなどでもそうだが、痛みというものは、予測していれば軽減できる。不意打ちを食らうから痛いのであって、打たれることがわかっていれば衝撃は少なくて済むのである。「幽霊の正体見たり枯れ尾花」ではないが、ふだん接している相手なら、「これは言いそうだ」とか「今日あたり来るな」ぐらいのことはわかるだろう。

あるいは剣の世界には、「太刀筋《たちすじ》」というものがある。相手の切りかかってくる筋が見えていれば、いくらでも防御のしようがある。こう来るならこう受ける、という感じだ。「おっしゃるとおり。最近は本当に絶不調です」「私の精神は穴だらけなんですよ」のように、軽く受け流す余裕ができるわけだ。

さらに、そういう相手に対しては、逆に積極的に褒めるという手もある。誹謗中傷が得意な人は、概して褒め言葉には弱いものだ。ふだん自分が認められず、嫌われていると思う気持ちが、他人への攻撃的な行動につながっているのである。だから、褒められることに慣れていない。せっかく褒めてくれる相手を、わざわざ攻撃しようとは思わないだろう。

これは、究極の予防策である。

嫉妬心を「ライバル視」に置き換える

他人に対して、「なんであいつがあんなに評価されるのかわからない」と思うことはよくある。とくに自分に関係ないものに対しては、そういう感情を持つ傾向がある。たとえば、かなりの数の男は「福山雅治のどこがいいの?」のような言い方をする。ただ、それが無意味であることは、言っている本人が一番よく知っているだろう。

あるいはもっと身近な人間に対し、なぜあんなやつが先に出世するのか、なぜあいつばかりがモテるのか、と思うこともあるだろう。そういうジェラシーのような感情は、誰にでもある。人の気持ちの中に占めるこういう感情は、本人が思っている以上に大きいものだ。

ジェラシーとは、いささかみっともない感情である。それに、人の成長を妨げるものでもある。しかし、**反発心に火をつけることができれば、成長を促進させるものでもある。**意識して使えば加速に資することができるのである。

他人をひがみ、文句ばかり言っている人は、もちろんまったく成長できない。しかし、うらやましいとか、ねたましいという気持ちがあるからこそ、自分もそうなりたいというエネルギーに転化させることもできるのである。

では、ひがみのようなネガティブな感情を、どうすればポジティブなエネルギーに転換することができるのか。その方法を知っているか知らないかで、人生が減速するか、加速するかの違いになる。

基本的には心の持ちようだが、一つの方法は「**ライバル視**」に置き換えることだ。卑屈になって相手が落ちるのを待つのではなく、自分が上に行くと決意するのである。あるいは「目標にする」という感覚でもいい。

ただし、その感情もむき出しにするとみっともないので、心の中で静かに闘志を燃やすことだ。また、自分と関わりのないような、遠い存在を「ライバル視」する手もある。とはいえ、福山雅治を敵に回しても多くの男は勝ち目がない。ある程度、勝てそうな相手を仮想することがポイントだ。

またジェラシーには、本人のインフェリオリティー・コンプレックス（劣等感）の問題も少なからず関わっている。劣等感を引きずって卑屈になるか、それをバネにして強いエネルギーに昇華させるかによって、その後の人生は大きく違ってくるはずだ。たとえばエジソンには学歴がないが、それを逆にエネルギーにして大成した。

ジェラシーやコンプレックスというものは、ある意味で劇薬ないしは核物質のようなものといえるかもしれない。対処の仕方によってはエネルギーにもなるし、危険物質にもなるのである。

ジェラシーを認めることで目標が見えてくる

ジェラシーに対処するために考えられるもう一つの方法は、自分がジェラシーを持っている、ひがんでいるということを冷静に意識することだ。ねたんだり、ひがんだり、うらやましがったりするという感情は、本人も気づかないうちに持ってしまっていることが多い。

そういう場合、認識まで感情に歪められてしまう。本人は事実を並べて不公平さや理不尽さを訴えようとするが、じつはそれらは、自分の嫉妬心を覆い隠すために、無理やり論理的に話そうとしているだけだったりする。これでは、事態は何ら改善しないはずだ。

ただし、自分でジェラシーに気づいたとしても、それをすべて消そうと思う必要はない。というより、消そうと思っても難しいだろう。むしろその存在を認め、**不愉快な感情を前提にすることが、プラスに転じる基礎となる**。自分の中でそのエネルギーを転換するような策を立てればいいのである。

そこには二つの方向性がある。たとえば自分より境遇が恵まれている人間に対して嫉妬心を持ったとき、「同じような境遇になりたい」と思うのか、それとも「ああいう生き方だけはしたくない」と反面教師にするかだ。前者なら近づけるようにがんばるしかないし、後者なら自分の生き方を肯定する価値観を築くしかない。

そういえば、世の中には、いわゆるセレブ雑誌を見ては仕事に情熱を傾ける二十代三十代の独身女性がいるという。〝あこがれ〟のなせる業か、それとも鼻持ちならないセレブたちと自分のギャップから闘争心をかき立てられるのか、定かではない。ただいずれにしても、自暴自棄になるよりはずっとプラス思考である。むしろ自分を鼓舞するために、あえてこういう雑誌に目を通すという手もあるだろう。

実際に、いまも昔も、活躍している人や社会的地位を築いた人の中には、ジェラシーをバネにしてきた人が意外と多いのではないだろうか。それも、美男美女ではないからモテないとか、背が低いからバカにされるといった、他愛もない劣等感がベースになっていたりする。持てる資産を持たざる不愉快さ、もともと持っている他人をうらやむ自分の卑しさのようなものを認め、それならばと新たな価値観による資産を築こうとした。別のフィールドで自己実現を図るよう、気持ちを転換したわけだ。

これは心理学でいう「不満の昇華」の結果ともいえる。心の中のコンプレックス、複雑なねじれやゆがみといったものは、何らかの生産の母体になり得るのである。

「成りあがり」はなぜ強いのか

若いころの不愉快な思いを、逆にエネルギーに変える人はけっこういる。矢沢永吉さんの『成りあがり』などは、まさにその典型だ。東京に出て大成して、地元のヤツらを見返してやるという意気込みに満ちている。

矢沢さんにかぎらず、「なぜそんなにがんばれるのか」「もう成功しているのに、なぜまだ加速しようとしているのか」という人は少なくない。それは本人の資質にもよるが、若いころの原体験が何らかのかたちで影響している人もいるだろう。まだモトが取れていない、という意識が働いているのかもしれない。

その意味で、**不愉快な時期の蓄積は、かならずしも悪いものとはかぎらない**。かくいう私も、「なぜ、これほど多くの本を出すのか」と問われることがよくある。それはやはり、かつての〝不遇時代〟の影響だ。

二十代から三十代前半のころまで、私は本を出したくても出せない境遇にあった。自分自身は才能があると信じていたし、体力的にも元気だったため、書くこと自体はいくらでもできた。ところが、出版社からのオファーはゼロ。自分からいろいろ頼み込んでも、断られるばかりだった。

それればかりか、ある出版社からこっぴどく裏切られたこともある。「出版してもいい」といわれ、勢い込んで一冊分を書き上げて提出したところ、「じつは企画が上に通っていない」という。結局、丸々一冊分の原稿がムダになった。そこまで世の中になめられていたわけだ。

そのときの思いが、まだ私の心の内にある。別に恨みつらみではないが、本を出せるという現状がいかに幸福か、人並み以上に身に沁みてわかっているのである。だから、出版社からオファーがあれば、断ることをもったいないと感じてしまう。その結果、膨大な仕事を抱えることになっているのである。

もし、二十代から仕事に恵まれ、本を出せる状況にいたとしたら、いまごろは飽きていたかもしれない。その意味で、不遇時代は私にとって重要な原点になっている。私にかぎらず、こういう経験はいつか加速の役に立つものである。

不遇時代とは、たとえていうなら化石燃料のようなものかもしれない。行き場もなくためこんだエネルギーやストレスは、そのまま化石となって石油化する。それはけっしてムダではなく、いつか採掘されれば貴重な資源になるわけだ。

チャンスを得たら、いままで貯めたエネルギーを燃料化する。ストレスがじつは重要なエネルギー源になる。そう考えれば、いくら逆風に晒されても、自暴自棄になることはないだろう。

自分を追い込まない「自分探し」は意味がない

ある野球部の投手が、今日から三日間、カーブの練習だけをやり続けたとする。その結果、思いどおりに曲がるようになればいいが、そうはいかなかったとする。すると彼は、だんだん不安になってくる。もしかしたらこの三日間、フォークボールを練習したほうがよかったのではないかと思う。あるいは、もしかしたら投手より打者のほうが向いているのではないか、さらには野球よりサッカーのほうが得意なのではないか、などと不安が広がる。そんな迷いが、かえって上達を遅らせることになる……。

これはやや大げさな例だが、いまの若い人にはありがちだ。いわゆる「自分探し」の名の下に、ちょっと試して成果が出ないと、すぐに「自分には向いていないのではないか」と他に目移りしてしまう。その結果、なかなか一点に集中できない。そんな傾向があるような気がする。

何か一つのことに徹底して打ち込んだ挙げ句、やはり自分には向いていなかったと思い知らされることは、けっしてムダなことではない。自分に向いているか否かではなく、**そこまで自分を追い込んだということが最大の成果なのだ**。そういう経験があれば、次に何かにチャレンジするとき、もう後がないという覚悟を決めて臨むことができる。当然、姿勢も結果も違ってくるはずだ。

しかし、徹底せずに〝青い鳥〟を探して転々とするとなると、話は別だ。それによって、たまたま自分に向いているものを見つけられることもないわけではないだろう。だがそれは、きわめてレアケースだ。自分を追い込む前に止めてしまうと、本当にできなかったのか、やればできたのか、永久にわからない。そんなことを何度繰り返しても、探している「自分」は見つからないはずだ。

むしろこういう人は、天から突然とんでもないプレゼントが舞い降りてくるような、他力本願的な幻想にとらわれてしまうおそれがある。何か偶然に特別な出会いがあり、労せずしてラッキーな人生を歩む、といった類のお気楽ストーリーだ。

もちろんこんなことは、現実にはあり得ない。基本的には、どのような境遇であれ自分で加速していくしかない。そういう覚悟を決めるためにも、自分を徹底的に追い込むことが必要なのである。

「断念」も加速のエネルギーとなる

自分を追い込むことは、同時に何かをあきらめざるを得なくなるというリスクを負う。かのフロイトは、人生においてきわめて重要な技術の一つとして、「断念」を挙げている。**断念することによって失ったものが大きければ大きいほど、それが次のチャレンジへのエネルギーになる。**むしろ新たな才能が開花するかもしれない。断念は、すべての可能性の芽を摘むわけではないのである。

たとえば、横浜ベイスターズに村田修一さんという野手がいる。まだ若いが、すでに主軸を任されるほどのスラッガーだ。だが彼は、高校まで投手だった。本人も、野球を続けるなら投手、と思っていたらしい。

ところが、甲子園で松坂大輔さんと対決し、「投手としては一生戦っても勝てない」と思い知らされたという。そこで彼は投手として生きる道を断念し、松坂に打者として勝つことを目標に、野手への転向を決意した。それが今日の彼の原点である。

余談ながら、二〇〇六年春に行われたＷＢＣ（ワールド・ベースボール・クラシック）の壮行試合で、彼は松坂からホームランを打っている。目標は、ひとまず達成されたわけだ。

どのような世界でもいえることだが、自分より能力のある者、力の強い者がいるからといって、全員がその道を断念する必要はない。ただし、もうトップに立てないことは確定していることになる。それが嫌なら、新たにトップに立てるものを探し、ゼロから努力しなければならない。そういうときの人間は、きわめて強い。

村田さんにしても、高校まで投手として、文字どおり死ぬほど練習を積み重ねてきた。それをきっぱり捨てて転向するのだから、その覚悟は並大抵ではない。当然その分、打者としての練習にも熱が入る。だから、他の一般の選手とは違う強烈なエネルギーがバットに乗り移るのである。

イチローさんも同様だ。彼ももともと投手だったが、やはり途中で断念した。彼のことだから、とことん突き詰めて練習したに違いない。それでもこの程度なら仕方がない、と判断したのだろう。それが正しかったことは、今日の大活躍ぶりが証明している。

また『夢をつかむ　イチロー262のメッセージ』（ぴあ）によると、彼は勉強に集中した時期もあったらしい。だが全身全霊を傾けたものの、一番にはなれなかった。そのとき、自分は勉強ではトップに立てないと悟ったという。だから、勉強ではなく野球で一番になるのだと決意を新たにした。

彼のことを、もともと野球の才能に恵まれていた、と評するのは簡単である。だが本人自身のなかでは試行錯誤があり、野球以外のものに打ち込み、かつ断念する時期もあった。そういう経験を経たからこそ、やはり自分は野球だ、という結論に達したのだろう。

一般的なサラリーマンのような仕事でも、ときには断念せざるを得ないときがある。うまくいくはずだったのに、さまざまな事情で頓挫《とんざ》することもある。そういうときは、「**縁**《えん》**がなかった**」と思ってあきらめるしかない。

じつは私も、「縁がなかった」という表現をよく使う。仕事がうまくいかないとき、相手や状況を恨んでも仕方がない。この言葉には、そんな意味が込められている。正しく美しい日本語であると思うのは、私だけではないだろう。

断念すべきものを断念したら、次は縁があった別の仕事に取り組めばいい。悔しさと縁

のありがたさを感じれば、必然的にその仕事に熱が入るだろう。これも加速のコツの一つである。

第6章 「環境」をつくれば加速力はアップする

「環境づくり」で先手を打つと、ヤル気の波に乗れる

誰でも、常にヤル気がみなぎっているわけはない。

しかも、日々の生活の中には、加速の妨げになるものが少なからずある。とりわけ大きいのが「言いわけ癖」だ。何かやるべきことがあるのに、「いやあ、いろいろ忙しくて」とか「他の都合があるので」などとやらない理由を探してくるわけだ。逆にいえば、いろいろなことに手を出していると、言いわけが通用しやすいということでもある。

そこで、加速を逃したくないときには、**言いわけが通用しないよう自分を逃げ場のない**

ところに追い込んでしまうという手がある。だいたい加速を快感にしている人は、言いわけを自分の癖から排除しているものだ。そういう環境に自分をセッティングするのが上手いのである。

その方法の一つは、他のことをすべて断念するということだ。やるべきことを一点に絞ったのに、なおかつ結果が伴わないとなると、そこに費やした時間も労力もムダだったということになる。このショックは大きい。だから、いやがうえにも真剣に取り組まざるを得なくなるというわけだ。

ただし、これが平気でできるほど精神的に強い人ばかりではない。では精神的に弱い人はどうするか。そこでおすすめなのが、気分が盛り上がっているときにセッティングだけは済ませてしまうという方法だ。

たとえば、本来なら本を読まなければならないのに、マンガばかり読んでしまう人がいたとする。そういう人でも、たまには「本を読まなきゃ」と思うときがあるはずだ。その機を逃さず、マンガをまとめて古本屋に売るなり、捨ててしまうなりするのである。

もちろんその後、気分がだんだん落ち着いてくると、本を読むのには飽きてくるし、マンガを読みたくもなるはずだ。しかし、すでに周囲の環境が本を読むようにセッティングされているので、もう本を読むしかないというわけだ。

これは、「三日坊主を利用すること」と考えればわかりやすい。誰でも、「○○を始めよう」と思うときがある。しかし、だいたい長続きしないことが多い。**そこで最初の三日間のうちに、その一点に集中できるように環境を変えてしまう**のである。そうすれば、四日目に意欲が失われても続けるしかない。そのうちヤル気の波も戻ってくるはずだ。こうして自動化すれば、当たり前のこととして続けられるだろう。

悪い環境は「がんばっている自分」をつくりやすい

図書館など、周辺の誰もが勉強している場所で一緒に勉強するのが、私は苦手だ。どういうわけか眠くなってしまうのである。

ところが、誰もが寝静まった夜中とか、ざわついているファミレスなどでは集中しやすい。**周辺の環境とは場違いな感じが、そのまま周辺との速度の差のように感じられる**からだ。これも一種の加速度体験である。周囲と競い合うのも加速のコツの一つだが、もとより競争のない場で周囲とどんどん差が開いていくのも、加速感に満ちている。

世の中には、自分が加速できないのは環境が悪いから、と考えている人が少なくない。職場や学校で、周囲にあまり向上心・向学心のある人がいない、雰囲気がダレている、だから自分のヤル気にも火がつかない、というわけだ。

しかし私に言わせれば、そういう環境こそチャンスである。**自分だけががんばって周囲を思いきり引き離す加速感は、間違いなく快感だ**。すべての人を置き去りにして突っ走る徒競走をイメージすれば、容易にわかるだろう。

この感覚は、往々にしてたんなる思い上がりかもしれない。しかし大切なのは、自分の中に快感があるかどうかである。周囲に埋没したままヤル気をなくして過ごすのと、ヤル気を出してぶっちぎり感を味わうのとでは、はたしてどちらが快感だろうか。

たとえば映画『ロッキー』のシリーズは、徹頭徹尾、下から上へ突っ走るということしかない作品だ。最近公開された『ロッキー・ザ・ファイナル』もまったく同じ路線だ。シンプルこのうえないし、かぎりなくベタな展開である。もちろん、観客もそれを知っているはずだ。

にもかかわらず、あれだけの大ヒットを記録したし、実際に見ているると盛り上がってくる。あのオーバーなテーマ曲がそれに拍車をかける。どん底からはい上がり、突っ走る快感を疑似体験したいという人が、それだけ多いということだろう。

同じ曲のリピートで「脳の習慣」をつくる

何か作業をするとき、音楽が流れている環境は悪くない。それも、同じ曲が何度も繰り返しかかったほうがいい。

曲がどんどん変わっていくと、気が散りやすい。新しい音やリズムに出会うため、つい聴き入ってしまうのだ。その点、同じ曲のリピートなら、もう来るべきものが来ているので驚かない。むしろ一定のリズムが心地よい伴奏になって、作業のリズムを維持してくれるのである。

一定のリズムで長時間作業をすることは、じつは非常に重要だ。加速とは、長時間労働が前提になっている。同じある種の仕事を何週間も持続することで、現象として加速するのである。そして、その**長時間労働の集中を支えるのがリズムなのだ**。

これを自分自身で維持できればいいが、自分の脳を自分で管理するのは多大なエネルギーを要する。だから、ふつうの人はダレて気が散ってしまう。そこで、それをサポートしてくれるのが音楽ということになる。自分のお気に入りの音楽とは、そのリズムが自分の脳に合っているということなのだ。

私の場合、明るいものは敬遠し、短調系でハイテンポなものを好む。たとえばモーツァルトの『交響曲第四十番』でも、サー・チャールズ・マッケラスのタクトにかかると異常にテンポの速い演奏になる。まるで悲しみも置き去りにしてしまうような速さだが、それを聴いていると、仕事もしやすいのである。

音楽そのものの良さだけでなく、自分自身の状態を活性化してくれるような曲をリピートし続ける。そうすると、作業への集中力に欠かせないテンポの部分を音楽に委ねることができる。自分自身は、それに乗っていけばいいということになる。巷に音楽が溢れている時代だからこそ、こういう方法は適しているといえるだろう。

自分が盛り上がる「道具立て」で演出する

音楽の具体的な活用法としては、〝きっかけづくり〟が考えられる。

音楽をただ聴いている状態というのは、人間にとってさほど頭が働いている状態とはいえない。だから私の場合、音楽だけを聴くことは比較的少なく、何かの作業を始めると同時にかけることが多い。

とくに重宝なのが文章を書くときだ。この作業は非常に疲れるので、きっかけがつかみにくい。精神的に辛いため、平たくいえば作業に入るのが嫌なのだ。そこで、その辛い作業に入るワンステップとして、ハイテンポな曲で気分を盛り上げるのである。

誰でも自分なりに、**頭や気持ちを高めるための道具立て**というものがあったほうがいい。かつて私は、極端に濃いコーヒーにその役を任せていた。しかし周知のとおり、度が過ぎると身体に悪いため、最近はやや制限している。

かといってアルコールは、気分は盛り上がるが頭は粗雑になる。かつて私も試したことがあるが、飲酒後の作業はまったく生産性が上がらない。ヤル気だけはみなぎるが、形が整わないのである。

ちなみにバルザックは、コーヒーを大量に飲んでいたという。パリ中を歩き回って豆を買い求めるのが習慣だったといわれている。かつて私がパリに行ったとき、バルザックの部屋も訪れてみたが、そこにはただ閉め切ったカーテンが下がり机が置いてあるだけだった。シュテファン・ツヴァイクの『バルザック』（早川書房）によると、バルザックは真夜中に執筆していたらしい。すべての人が寝静まったころにコーヒーを飲むと、身体の内側から進軍ラッパのようなものが鳴り響き、「これから自分の戦いが始まる」という具合に盛り上がったそうである。

真夜中に一人で覚醒し、盛り上がっていると、たしかに加速の快感がある。みんなが寝静まっているのに、自分だけが興奮しているという感じがたまらないのである。

音楽は聴くだけではなく「使い込め」

先日、NHKの「N響アワー」にゲスト出演したときのこと、「好きなクラシックの曲は？」と問われる場面があった。

純粋なクラシックファンなら、音楽そのものを美しいと思ったり、感動したりした曲を選ぶところだろう。だが私は、自分自身を加速させてくれた経験のある曲を選ぶことにした。

その一つが、ベートーヴェンの交響曲五番『運命』だ。誰でも知っている曲だし、好き、感動したと答える人も多いだろう。だが、これを自分の人生の中で〝使った〟という感覚で捉えている人は少ないのではないか。私の場合、**この曲をある時期に徹底的に使い込んだ**、という印象が強いのだ。

たとえば以前、うまくいかない日々が続いたとき、この曲を心の友として毎日リピートした記憶がある。それはロマン・ロランの『ベートーヴェンの生涯』を通じ、ベートーヴェンがどういう悩みや苦しみを突き抜け、『第九』の「歓喜に至れ」という言葉に達したかを知って感動したせいでもある。そして、私には『第九』より『運命』のほうがリズムが合うのだ。

冒頭の旋律のみがあまりにも有名だが、三十数分の全編にわたり、クラシックのわりに飽きる部分がない。若い人の心に入り込み、内側からヤル気を高めていくような構成になっている。この曲を聴くことで、自分の状況の悪さに対し、乗り越えていこう、戦っていこうという気持ちがわき上がってきたのである。

おかげで私は、十代の末から二十代のはじめにかけて、この曲を何度も聴き返していた。一回だけではなく、何日も何週間も、飽きることなくリピートした。そうすると、まるでパチンコ店の軍艦マーチのように、常に頭の中で鳴り響くようになる。それによって、自動的に気分が前向きになるようセッティングされたのである。

つまり、『運命』は私にとって**好き嫌いとか名曲だといった感覚を超え、自分の中に住み込んでいる曲なのだ**。こういうものがあると、間違いなく加速のはずみになる。

「テーマソング」で仕事モードにスイッチする

あるいはヴィヴァルディの『四季』も、私の心の中に住んでいる。ただし、有名な『春』の旋律ではなく、『夏』の第三楽章の二〜三分だけ。夕立のように非常に速いテンポの曲である。

それを聴いていると、私の中でざーっと夕立が降り注ぎ、すっきりした気分になってくる。その高揚感を味わいたくて、二〜三分を延々とリピートするのである。余談ながら、最近のCDプレーヤーには好きな曲だけをリピートできる機能がついているので、こういうときに便利である。

これを繰り返していると、楽しいとか楽しくないというレベルを超えて、リズムが心の中に刻み込まれる。いわば感覚が技化《わざか》するような状態になり、常にリフレインが速いテンポで流れているような気分になる。

その効果は、ある意味で実証済みだ。たとえばこの曲のイメージで夏目漱石の『坊っちゃん』を音読すると、きわめてスピードが速くなる。あるいはＣＤブック版『声に出して読みたい日本語』（草思社）の作成中にも、この曲の世話になった。川端康成の『伊豆の踊子』を録音する前に、スタジオにこの曲を流したのである。激しい雨が迫っているイメージを朗読の平野啓子さんにつかんでもらいたかったためだ。この曲にかぎった話ではないが、音楽のテンポやリズム、抑揚、イメージといったものは、人の心を動かす際におおいに威力を発揮するのである。

ただし、たんに趣味の範囲で聴くだけでは、こうはならない。〝**マイ・テーマソング**〟のように自分の中に取り入れてしまうことが重要だ。そのためには、あくなき反復、しかも非常に短い部分を繰り返し聴くのが効果的である。プロレスでも、アントニオ猪木は有名な自分のテーマ曲を持っているし、ミル・マスカラスは、自分のレスリング・スタイルを象徴する『スカイ・ハイ』という曲で自分の登場を盛り上げていた。

考えてみれば、加速の手助けになるような系統の音楽というのは少なからずある。その典型がフラメンコだ。私は、パコ・デ・ルシアのフラメンコギターをよく聴いている。これを聴いていると、つい情熱が高まり、気分がハイになってくる。これはまさに加速の魅力だ。

とりわけ日本人には、もともと穏やかな人が多い。内側から気持ちを盛り上げて仕事をしなければならないのに、そのモードに入るまで時間がかかる人もいる。そういうとき、自分なりのテーマソングを持っていれば、それを繰り返し聴くことによって、自らを鼓舞できるかもしれない。音楽にはそういう力がある。

「時間を区切る」ことで加速力がついてくる

「師走」の名のとおり、年末になると誰もが慌ただしい気分になってくる。仕事でも、「納期は年末まで」とか「年内に打ち合わせを」ということがよくある。

だが、よく考えてみれば、年末から年始の休みはせいぜい一週間程度である。これぐらいを休んだからといって、何かが変わるというわけではない。しかも大半の人が一斉に休むから、連絡がとれなくて迷惑をかけるということもない。

あるいは年末年始ほどではないが、三月末が近づくと、よく「年度内に」と言われることがある。「月末までに」という言葉もよく聞く。会計処理などが関係している場合もあるが、そうではない場合も少なくない。それはなぜか。

じつはここにも、加速が関係している。**キリのいいところで区切ることによって、半ば強制的に加速させている**わけだ。これは、誰もがなんとなく覚えている加速の技法といえるだろう。

言い方をかえるなら、年末年始は、**区切るということに意味がある**のだ。べつに実態が変わるわけではないが、新年だと思うだけで気持ちまで新たになる。そのことで再スタートを切れるような気がしてくる。この役割は、意外に大きい。

だいたい**何をするにしても、最初や最後はがんばるものである**。最初は緊張感があるし、最後はゴールが見えてくるからだ。ところが、途中はどうしてもダレる。そこで、その中間地点に年末年始のようなものが入ってくれば、それをきっかけにして加速することができる。あるいは一年間の失敗をチャラにしたような気分になって、新たな気持ちで再スタートを切ることができる。そういう区切り効果があるわけだ。

だとすれば、べつに年末年始にかぎる必要はない。適宜、状況に応じて自分なりの区切りをつくればよい。日付で区切るだけではなく、一日を時間で区切ることもできる。区切り上手は加速上手といえるだろう。

もっとも簡単に区切るには、手帳と三色ボールペンを活用するという手がある。たとえば見開きで一週間分を表示するタイプの場合、一日の時間割まで書き込めるはずだ。そのとき、たとえば大事な人とのアポイントなど、全力で加速しなければならない時間帯を赤で囲む。またルーチンワークなど多少気を抜いてもいい時間帯を青で、次の企画のネタ探しなど自分自身も楽しめるような時間帯を緑で囲む。

そうすると、一日のうちで集中すべき時間帯と、そうでもない時間帯を明確に区切ることができる。あるいは、赤の時間がずっと続くときは緑を混ぜてみるとか、逆に青と緑が続くならときどき赤を混ぜて緊張感を持たせるなど、メリハリを重視したスケジューリングが可能になる。日常にリズムを持たせることができるわけだ。

すでに述べたが、常に加速し続けることは不可能である。力を抜く時間も必要だ。効率よく加速するには、そのメリハリが何よりも重要である。

細かく区切るほど時間は濃密になる

あるいはもっと細かく、分単位で区切る方法もある。私は大学での授業中、ストップウォッチを手離せない。あるいはふだんの生活でも活用している。こんなことをしている人は少ないが、もっとも正確かつ簡便に時間を区切ることができるからだ。

たとえばこの時間にこれだけの仕事を仕上げようと思ったとき、ストップウォッチをスタートさせると、自然と作業にスピードがついてくる。あるいはそこで記録をつけることで、次に同じような作業をするとき、目標時間の設定がしやすくなる。もっと早くしてみようとチャレンジすることもできる。

つまり、**ストップウォッチを使うことで、同じ時間の中で何度も最初と最後をつくる**ことができる。最初と最後だけはがんばるという人間の本性を利用しているわけだ。だとすれば、その区切りは多ければ多いほど効率は上がる。

そこで授業中でも、発表時間を一分半や二分程度に区切るなど、メニューを大量に詰め込むよう心がけている。同じ一時間半の授業であっても、細かく区切るだけできわめて濃密に過ごせるのである。ただ先生は話すだけ、生徒は聞いているだけでは、こうはならないだろう。一時間半がのんべんだらりと過ぎていくだけである。

私は、全国のあらゆる学校でも、ストップウォッチもしくは業務用のタイマーを導入したほうがいいと思っている。「いまから○分は集中！」「○分までは遊んでいいよ」と細かくっきり区切ることは、加速力を養うための基礎的な訓練になるのである。

それは、生活の中でメリハリやリズム感を持たせることと同時に、集中力をどんどん増すことにもつながる。時間の密度を上げるためにがんばるというのではなく、手帳や三色ボールペンやストップウォッチを活用し、自分なりに時間を区切ることで、自然に密度を上げられるようになるのである。

自分の言動を記録することで仕事を加速させる

学校に通うことの最大の意義は、ノートの使い方を学ぶことにあるといっても、過言ではない。大学を出てからノートはつけたことがないという人もいるが、これでは大学まで行った意味がない。言い方をかえると、**「教育を受けた」とか「読み書きを習う」とは、「ノートを使う能力を学ぶ」ということなのだ。**

人類の歴史をひもとけば、そもそも読んだり書いたりすることが、文明を加速させてきた。書き文字が登場したということは、記録するという知恵が生まれたことを意味する。言葉を使ったり石器を使ったりする文明は、ずいぶん古くからある。だがいま私たちが文明と呼んでいるものは、文字とともに急速に発展したものだ。

人類はいまや月まで行けるほど文明を進化させた。しかし、このような急激な進化を遂げたのも、およそ七〇〇万年といわれる人類の歴史の中で、ほんの四〜五千年前、中国やエジプトで文字が発明されて以降の話だ。

それまでも人類は動物の捕り方や植物の採り方など、それなりに工夫していただろう。だが文字がなかったため、文明が爆発的に加速することはなかった。文明の加速と文字は、無関係には捉えられない。

文字は記録のためにある。自分がいま何をしたのか、何を考えたのかを記録する。たとえば今年、何月にどういうタネの蒔き方をして、どんな世話をしたら、どれだけの収穫があったかを書き留める。その記録を見るだけで、次に工夫したくなる。「前の年は、あまり収穫できなかった。それなら今年はこうしてみよう」と誰しも考える。それが毎年繰り返されれば、記録はどんどん積み重なっていくことになる。

そうすると、それは等速の直線でなく、急速な勢いで上昇カーブを描く。これが加速の基本的なパターンだ。それを支えているのが文字であり、その使い方を学ぶためにあるのが学校教育ということになる。

そこでおすすめしたいのが、**自分の毎日の言動をノートに記録していく**ことだ。ただ記録というと日記が浮かぶが、一般に日記は感情の発露ばかりで事実の記録が少ない。感情でも、しっかり記録していれば感情コントロールに役立つが、多くはそこまで至らず、曖昧な記録にしかなっていない。

それよりも、何をどの程度やったのか、今日何の本を読んだのか、何の映画を見たのかなど時間の過ごし方を書く。同時に、そのときの感触をクリアに記述する。実践したことと、その結果を書き留めていく。それがフィードバック回路をつくり、加速力を高めることにつながるのである。

どんな人でもステップアップできる「目標達成ノート」

大阪市の市立中学校の元教諭に、原田隆史さんという方がいる。二十年におよぶ勤務の中で、現場を再生する独特の指導法を開発。クラブ指導、体育指導、生活指導を通して、子どもたちの「生きる力」を高める取り組みを実践されてきた。最終勤務校では、顧問を務めた陸上部を七年間で一三回の日本一に導き、全国から注目を集めた。

現在は天理大学人間学部で教員志望の若者を指導し、未来の先生づくりに励む一方、「教師塾」を立ち上げて現場の教師たちの悩みに答え、さらにはスポーツメンタルコーチ、企業人材育成なども行っている。

その原田さんが積極的に採り入れているのが、ノートづくりだ。陸上部が日本一になったといっても、入ってくる生徒は天才的な才能の持ち主ばかりではない。最初はみな、ふつうの中学生だ。それが部活動を通して急成長したのは、ノートによって生徒の向上心を引き出すことに成功したからである。

目標達成ノートをつくり、自分が今日達成したい目標と、実際はどうだったかを記録させる。**目標をつねにクリアにし、それに対する結果も書く**。この作業を地道に繰り返した結果、生徒は自分自身を向上させること自体を技化させていった。これこそ日本一に輝いた最大の理由だ。

現実の自分を見ずに、ただ「甲子園に出たい」「日本一になりたい」といっても空回りするだけである。自分がどれぐらいの実力で、何ができるかを記録し、目指すべきステップも書く。そうすれば、どんどんよい方向に回っていく。肝心なのはノートをつけ、自分を客観視できるかどうかなのだ。

私も運動部にいたときはノートをつくっていた。何をしたかを記録にすると、意識がクリアになり、次の課題もわかる。練習内容をフィードバックするだけでも、次のステップにつながるのである。

ノートをつける習慣がある人はそれだけ速く伸びる

身体を使って技術を覚えることに関して、「だんだん慣れていけばいい」という考え方がある。「これを覚えるのに何年」「あれを覚えるのに何年」というマニュアル的な発想だ。しかし身体論を長く研究している私としては、この考え方には賛同できない。ただ繰り返し練習するだけでは、なかなか上達しないのである。

重要なのは、身体で覚えること。だが身体は、意識が働いていなければ感覚を技化させない。**無意識のままで繰り返している人より、意識を鮮明化させて練習している人のほうが、たとえ一〇分の一の時間でも技が身につくことが多い**のである。

自分はいま、何をしているかをきちんと把握し、「どういうふうにしたときに、どういう結果になったか」を逐一意識すること。それをノートにとり、自分のチェックポイントを徹底的に書いていくこと。そして自分が何をミスしたかをはっきりさせること。これが、身体に覚えさせる近道だ。

このとき、「ミスしたオレは、どうしようもない人間だ」などといった感情的な評価はいらない。ただ事実をクリアに書く。これがフィードバックの要諦《ようてい》だ。

ノートをつける習慣さえ持てば、どんな人でも伸びていく。才能ではなく、習慣の問題だ。才能の有無をうんぬんしている暇があれば、ノートをつける習慣を持ったほうがずっと成功する確率が高くなる。

優秀な人は、たいていい何かしらの記録をつけているものだ。とくに明晰な人は、自分の脳に記録をすべてつけている。たとえば優秀な音楽家は、演奏の際の音譜が全部頭に入っている。「このときの演奏はこうだった」と思い出すこともできる。あるいはプロ野球の投手も、一五〇球投げたら一五〇球のすべてを思い出せる。重要な試合であれば、それが何年前でも、どういうピッチングをしたかを思い出せる。一流の投手ほど、たんに球が速いとか変化球のキレがいいというだけではなく、そういう記憶が頭に残っている。だから、同じ失敗をしにくいのだ。

ただ、世の中には、これほど明晰な記憶力のない人のほうが圧倒的に多い。だから、**同**

じ失敗を何度も繰り返す。**それを防ぐためのノートなのだ**。どんな人でも、たいていのことは忘れてしまう。そこで忘れないために、記録をつけることが重要なのである。

学校教育の中では、それが当たり前のように行われていた。ところが社会に出て仕事をするようになると、急にノートをつけなくなる。本来、これは逆だろう。

学校教育のように教科書があり、参考書や問題集があるなら、ノートはむしろ必要ない。しかし仕事のようにカリキュラムや教科書がないものほど、ノートの意味が増す。何もないビジネスの空間、いろいろなことがうごめいている広い世の中だからこそ、ノートや記録づけが大きな意味をもつのだ。

繰り返すが、**社会に出てからノートをつけ、記録のできる人間になるために、私たちは学校で学んできたのだ**。そういう教育を受けた人間とそうでない人間では、決定的な差ができる。きちんとノートづけのできる人間ほど、社会人になってからの成長曲線が大きいのだ。

学校教育というのは、しっかり使えば非常に大きな意味をもっている。そもそもきちんとポイントをつかんでノートをつける技術は、じつはまったく教育を受けていない人には難しい。逆にポイントをつかんでいれば、伸びるのも非常に速い。大卒なら大卒の速さがあるはずだ。

それがうまく行かないのは、**ノートづけこそフィードバック回路として最高の技**だと気づいていないからである。さらに、そういう技を自分が持っていることを自覚していないからだ。裏を返せば、このことに気づき、いまから実践するだけで、これまでよりずっと伸びることができるのである。

ノートによる「精神分析」で問題がクリアになる

ノートをつけるにあたり、覚えておきたいのは、**内容を簡単な箇条書きで終わらせない**ということだ。あるいは単語や簡単な文章など、ちょっとしたメモのような内容しか書かない人もいるが、これもいただけない。情報が断片的すぎて、後で何を言いたかったのか、わからなくなることが多いからだ。

ポイントは、**なるべく具体的に、文章も織りまぜて書く**ことだ。そうすると、自分の頭の中で、具体的に書くためのネタ探しをする習慣もついてくる。やがては「こういう理由もある」「ああいう事例もある」などと脳が止まらなくなる。そういう仕掛けをするためにノートをつける、ともいえるのである。

ノートづけによる加速化は、精神分析の手法と似たところがある。すなわち、現実直視だ。まず事実を見つめ、そのうえで克服する手だてを考える。「無意識」という非合理な世界を解明するにあたり、近代的合理主義で臨むやり方といえるだろう。

その昔、精神医学者たちは、夢こそ無意識の入り口であり、夢の分析が精神分析の王道であると考えた。ただし夢はつかみがたい。そこで考えたのが「夢を記録する」ということだ。毎朝記録づけしていくと、だんだん夢がはっきり見えるようになる。テーマがはっきりしてくるし、見る夢も変わってくるらしい。夢の記録をつけることが夢に影響を与え、意味もクリアになってくるわけだ。

意味がクリアになると、自分の中で悩みのポイントとなっていたものが白日のもとに照らし出される。**問題の正体がクリアになった時点で、問題は半分以上解決されたと言っていい。**

夢分析のみならず、精神分析は「こうしなさい」ではなく、悩みがどんなものであるかをまず探っていく。カウンセリングの神様と呼ばれたカール・ロジャースのカウンセリングも、「ノンディレクティブ」と呼ばれる非指示的な療法である。

カウンセラーが「いまどうなのか」「それはどうなのか」などと質問し、患者が「こうです」と報告することにより、自分の中にある悩みに気づいていく。それによって悩みが消えていくのだ。

ノートづけも同じで、まずは自分の現状を書く。そこから自分のどこに問題があるか気づく。そうすればやるべきこと、目指すべきことがわかり、おのずと行動に移せるようになるのである。

現状をしっかり文字にして認識することで、フィードバック回路ができ、加速が生まれる。自分の心の内側にもやもやをためこむのではなく、ノートの上にしっかり吐き出して、問題を自分の外側で処理していく。不安の正体を暴き出し、「なんだ、どうってことないな」と強気の気持ちをもって臨む心の習慣が、加速力を技にするコツなのである。

あとがき

加速のコツを身につけている者は、自在に減速できる。加速する勇気と技術がないと、メリハリがなく非効率的であるばかりか危険でもある。

車の運転をしているときによく感じることだが、進路変更するときには軽く加速するのがコツだ。オドオドして低速で割り込むと危ない。人生は車の運転と同じではないが、私は日常の体験を比喩（イメージ）として人生に活かすのが好きだ。そこには、共通の身体感覚がある。

人生のアクセルを踏みこむ。人生のギアチェンジをする。こうした比喩は、私にとってリアルな身体感覚を伴っている。

しじゅうアクセルを踏みつづける必要はない。ここぞというタインミングの見極めが大切だ。この「機（タイミング）」を捉える意識を「加速力」という言葉とセットにして日常に活《い》かしていただければ、著者としてうれしい。

私たちは、命ある者として生まれてきた。その偶然の幸福を、生命を輝かせることで自ら祝っていいんじゃないか、と私は思ってきた。加速感を味わっているとき、私は命のきらめきを感じる。別に大げさなことでなくてもいい。誰かと話しているとき思わず盛り上がった、という程度のことでも、私には加速の快感となる。快感を感じ、表現することが、自分の人生を祝うことになると思う。

加速とともに、減速もまた重要な技だ。一日のうちで、一週間のうちで、そして一年のうちでゆるめるときを意識的に作ることで、加速のためのエネルギーも蓄えられる。人生全体を見渡せば、上手な減速力こそが、幸福感につながる大切な力（センス）だろう。

この本では、私自身の経験に基づいて、自分として確信を持っていることだけを書いた。縁あってこの本を読んで下さった方にとって、これが加速のきっかけとなる「背中の一押し」になればうれしい。

この本が形になるに当たっては、草思社の木谷東男社長、藤田博さん、相内亭さん、島田栄昭さんのお力を借りました。ありがとうございました。

二〇〇七年八月

齋藤 孝

「加速力」で成功をつかめ！

著者との申し合わせにより検印廃止

2007年10月２日　第１刷発行

著　者　齋藤　孝
装幀者　前橋隆道
発行者　木谷東男
発行所　株式会社 草思社
〒151-0051　東京都渋谷区千駄ヶ谷２-33-８
電　話　営業 03(3470)6565　編集 03(3470)6566
振　替　00170-9-23552
印　刷　錦明印刷株式会社
製　本　大口製本印刷株式会社
ISBN978-4-7942-1633-5
Printed in Japan

JASRAC　出 0712167-701